沈昌文生前,扬之水所题对联

三联书店编辑部 编

大哉沈公

生活·讀書·新知 三联书店

Copyright © 2022 by SDX Joint Publishing Company.
All Rights Reserved.

本作品版权由生活·读书·新知三联书店所有。
未经许可，不得翻印。

图书在版编目（CIP）数据

大哉沈公/三联书店编辑部编. —北京：
生活·读书·新知三联书店，2022.1
ISBN 978 – 7 – 108 – 07299 – 3

Ⅰ.①大… Ⅱ.①三… Ⅲ.①沈昌文－回忆录
Ⅳ.① K825.42

中国版本图书馆 CIP 数据核字（2021）第 211727 号

特约编辑	吴　彬　于　奇	
责任编辑	卫　纯	
装帧设计	康　健	
责任校对	曹秋月	
责任印制	宋　家	
出版发行	生活·讀書·新知 三联书店	
	（北京市东城区美术馆东街 22 号 100010）	
网　　址	www.sdxjpc.com	
经　　销	新华书店	
制　　作	北京金舵手世纪图文设计有限公司	
印　　刷	河北鹏润印刷有限公司	
版　　次	2022 年 1 月北京第 1 版	
	2022 年 1 月北京第 1 次印刷	
开　　本	787 毫米 × 1168 毫米　1/32　印张 8.125	
字　　数	133 千字　图 9 幅	
印　　数	0,001 – 5,000 册	
定　　价	58.00 元	

（印装查询：01064002715；邮购查询：01084010542）

在三联韬奋书店二十四小时店开业之际,沈昌文在人群之外露出淡淡的笑容

20世纪80年代,在家中编完一期杂志后

并不凌乱的办公室也透出编务的繁忙

在人民出版社门前，与同事们合影

90年代赴美所摄

在家中的那座"阁楼"里

沈昌文董理《读书》期间所编刊物掠影

沈昌文著述一览

离别的背影

目 次

编者的话

陈　昕　难忘沈公 ·················· 1
高　林　别具一格的出版家——怀念沈昌文先生 ········· 5
郑异凡　书缘一甲子——我同沈公的交往 ·········· 20
朱　伟　沈昌文记 ·················· 31
汪家明　文字里的沈昌文先生 ············· 40
陆　灏　沈公的"肺腑之言" ············· 50
潘振平　沈公教我做编辑 ·············· 64
舒　罕　追怀沈公 ·················· 71
卫建民　杯酒中受教　笑谈间选题——悼念沈昌文先生 ··· 76
陈彩虹　沈公的笑脸 ················ 86

陈晓卿	跟沈公吃本帮菜	93
丁 东	悼念沈昌文先生	100
胡洪侠	沈昌文先生的最后一天	104
贾宝兰	不一样的沈公	118
简 平	豁达的沈昌文先生	124
赵 珩	"文化里的胃"——怀念沈公	128
金宏达	七律·悼沈昌文先生	134
李城外	尊前谈笑人依旧——深切怀念沈昌文先生	135
马国兴	沈昌文先生的郑州往事	140
罗点点	沈公你好大的福报啊!	159
马家辉	做个"知道分子"也不错	161
文 敏	追忆沈公之碎念	164
徐庆全	"店二代"沈昌文先生	169
俞晓群	没有沈公的日子	176
张冠生	永远的阁楼	185
郑 勇	那阁楼上的光,依然亮着——沈公最后的时光	190
祝晓风	沈公的幸福	209
杨 渡	拈书微笑"白相人"——怀沈昌文先生	214
朱立利	沈公的晚年	219
沈 双	废纸·档案·感情——"老沈"的私密空间	228

附录:挽联集萃 ································ 241
沈昌文生平及著译年表 ························ 244

编者的话

二〇二一年一月十日，从事出版编辑工作七十年的沈昌文先生辞世，享年九十岁。

沈公的出版生涯始自一九五一年，通过多年自修磨砺、历经不同编辑岗位，自一九八〇年三月开始兼管《读书》杂志编务，后出任主编。他事必躬亲，广泛联络海内外的学人、读书人，编辑手法灵活，形成了《读书》独有的办刊风格和特色；他通过撰写独出心裁的"编后絮语"，阐述自己的编辑理念和文化理想；他还筹划创办了《读书》服务日及一系列文化活动，致力于为读书人打造一个思想交流的乐园。经过十六年的辛勤耕耘和心血投注，使《读书》成为思想界、学术界和文化界最有影响力的刊物。他主持恢复独立建制后的三联书店工作十年，出版了诸如"文化生活译丛""现代西方学术文库""新知文库""现代外国文艺理论译丛""传记丛书""美国文化丛书""日本文化丛书""中华文库""蔡志忠中国古籍漫画"等成套的丛书、系列书，以及大批引领一时风气的图书，由此确立了三联书店在中国出版界学术文化重镇的地位。

沈公于二十几年前退休后，仍然活跃在国内出版界，参与创办《万象》杂志，策划出版"新世纪万有文库""书趣文丛"及《吕叔湘全集》等系列图书。他倡言创办《三联生活周刊》，为办公大楼各方奔走，多所谋划。这期间，沈公也勤于笔耕，出版了《阁楼人语》（二〇〇三）、《书商的旧梦》（二〇〇七）、《最后的晚餐》（二〇〇七）、《知道》（二〇〇八）、《八十溯往》（二〇一一）、《任时光匆匆流去》（二〇一一）、《也无风雨也无晴》（二〇一二）、《师承集》（二〇一五）、《师承集续编》（二〇一六）、《师道师说：沈昌文卷》（二〇一六）等著述作品。

沈公把一生献给了中国的出版事业。他淡泊名利，热爱生活，自奉甚俭，待人以宽，温和包容。他性格乐观开朗，豁达诙谐，卑己尊人，令人如沐春风，他的音容笑貌会长久留在大家的记忆中——沈公虽然离去，但他的风范长存！

当此沈公逝世一周年之际，我们收集了他的朋友、同事、作者以至读者的纪念文章、挽联等，以表达对这位可亲可敬的前辈的怀念。

难忘沈公

陈 昕

（出版人）

沈公走了，文化圈、知识界那么多人缅怀他，报刊上，网络空间，铺天盖地都在谈沈公，还有比这更高的荣耀吗？

最早认识沈公，是在一九八四年。那年，我随学林出版社领导柳肇瑞赴京组稿，去人民出版社拜访，见到了沈公。第一印象是他是一位机智、幽默、豁达的人，很容易接近，让人有亲近感。以后每次进京，尤其是担任上海三联书店和香港三联书店的领导后，总要到沈公处坐一坐，喝上一杯咖啡，向他请教出版方面的问题。

沈公的成就，已经有很多的人从不同的角度谈了。我自己也在两年前沈公米寿之时，写过《智者沈公》一文，谈了与沈公接触的往事。今天追思沈公，我想谈谈沈公最令我钦佩的一点，那就是在错综复杂的环境里，冲破重重阻力，想方设法出版好书、办好杂志，为社会进步做奉献的本事和智慧。

二十世纪八十年代是一个"思想解放""沧海横流"的时代，新的思想、新的潮流、新的学派、新的学科，恰如千重细浪，滚滚而来。然而要把这些新思想、新潮流介绍给读者又谈何容易？我在八十年代初、中期策划编辑出版黄皮书——"当代学术思潮"时深有感触。沈公与众不同，他主要采取的是"向后看"的策略，跳过某些当代敏感的领域，翻译出版十九世纪末二十世纪初的重要著作。据他自己说，这是从李慎之先生处受到的启发。于是就有了《宽容》《异端的权利》《情爱论》等风靡一时的著作的出版，影响了整整一代人，让大家补足了人类一些最基本的东西。其实，不了解十九世纪末二十世纪初的西方思想，是很难真正理解当代学术思潮的。

《读书》杂志在八九十年代的十年间，之所以能和时代的脉搏一起跳动，呼应时代的改革开放主题，团结老中青，包容左中右，推出那么多有思想、有创见的文章，与主编沈公尊重表达的自由，文前文中文后的编辑处理相关，他总能把那么敏感的话题消弭在硝烟之间，让读者得到启蒙。他还常给我们讲怎样做检讨、写检查的故事，为的是让更多的好书和文章与读者见面。他就是有这样的本事，把一本有着争议的杂志，办成让知识界喜欢、领导也觉得有必要存在的充满浓郁人文气息的刊物，以至在《读书》最困难的时候，连乔木同志都出来，通过投稿的方式以解其困境。

沈公的这个本事不是简单地通过学习便可获得的，更多的是一种政治体验、人生体验。不过，沈公另一个本事是可以学到的，那就是广交学界朋友，借用"外脑"。八十年代初期，新三联的人文风格在我看来，是沈公从陈原先生一辈那里继承下来的，而夏衍、吕叔湘、钱锺书、金克木、黎澍、李慎之等那么多文化名人支撑着《读书》和三联，他们笔端下流淌的人文气息成就了三联。八十年代中期以后，甘阳、梁治平、周国平、苏国勋、汪晖、黄平等一大批青年学人聚集在三联的大旗之下，提升了《读书》和三联出版物的现代学术思想水准。沈公在其中是一个重要的支点，他的组织才能、包容态度和不耻下问，以及各种各样服务作者的办法，使三联获得了不竭的文化资源。我从来没有见过如此不耻下问的出版人，八九十年代每次到京见沈公，他总要放下身段，向我这个毛头小伙编辑了解经济学界的方方面面,更不要说他面对名家大腕时的姿态了。有了这样虚心求教的态度,还会有什么事情做不成呢?

沈公作为一个别具一格的出版人,永远留在我们的记忆里。

二〇二一年一月十八日

别具一格的出版家
——怀念沈昌文先生

高 林

（金融工作者）

沈昌文先生是一位编辑、一代出版家，终其一生，他始终活跃在编辑出版界，但他的朋友圈以及影响力却远远超出了编辑出版界，遍及思想文化各界。我是沈先生圈外的一位后辈，在我看来，沈先生和其他的出版家似乎有着一些不同，他的这些"不同"，给我留下了许多印象深刻而又值得回忆的东西。

一

沈先生总称自己是"知道分子"，他的口述自传也定名为"知道"。"知道分子"语出王朔，其本义多少有点贬义，但沈先生对这个称呼却乐此不疲，有些时候还引以为豪。这除了他个性中的自谦和诙谐之外，和他所认识的编辑出版工作者的性质和地位有直接的关系。

在沈先生看来，编辑出版是一种中介和服务工作。早在八十年代初期，他在某期《读书》的编后语中针对有读者提出的《读书》应当归入"精英文化"时说，《读书》的任务也只在介绍、引导、汲取，它主要工作不是在学术上进行创立和建树。如果还可以另立一个名词来表达《读书》的性质，也许可以勉强称它为"桥梁文化"，即人们也许可以通过它而到达"精英文化"之彼岸，但它本身却不是彼岸。

编辑出版工作者应该做"知道分子"，而不是像作者和一些读者那样去成为"知识分子"。要做好编辑出版工作，就应当把自身定位为"桥梁文化"的实践者，踏踏实实地对社会现象和文化现象做比较全面的了解和相当程度的观察研究，虽不以主要精力去追求精神方面的创造，但却致力于把精神方面有所创造的"知识分子"的境界和思想（"知识"）传递给读者。这个"知道分子"和以前所说的"杂家"有几分相似，但也不大相同。其中重要的一个不同就是，"知道分子"要具有相当的辨别能力。如果不"知道"，就无法很好地加工和传递"知识分子"的"知识"，有时甚至都很难区分真假"知识分子"。

由此看来，编辑出版工作者不仅要懂得文字语法和相关专业知识，懂得"齐、清、定"，更重要的是要"知道"，成为"知道分子"。沈先生自居的这个"知道分子"，也和新闻记者的光荣称号一样，是个无冕之王。他借用了王记"知道分子"的名称和部分内涵，赋予了具有自身特点的不同含义。

要做好这个"知道分子"，首先要处理好和读者的关系。沈先生在《读书》杂志的编后语中就提出过"知道分子"编辑的两条"禁忌"，这可以说是两条基本的底线或"红线"。一条是，编者同读者、作者之间，绝不是什么"专政与被专政"的关系，而要真诚相见，平等相待。《读书》这种刊物的编辑，没有权利教训读者"应当"如何。这种在文章中动辄用七八个"应当"来指示读者的口吻，今后在《读书》的篇幅中倒是"应当"绝迹。另一条是，即使人事沧桑，《读书》还是力图追求一种境界，使作者同读者有一种平等的交往，人情的联系。编辑同读者之间的合理的、有人情的关系，首先，无疑是指编辑要尽最大的努力为读者提供最佳作品，而不要为自己的一己之私，污染读者心灵。

编辑要为读者提供最佳的作品，读者又应该怎样对待呢？沈先生认为，读者有权抉择，有权选剔；有权不相信作者、编者说得天花乱坠的漂亮词句，也有权赞赏使自己称心惬意的任何文字。不自由地阅读,即违背读者个人的意愿,强制性地灌输,被迫地寻章摘句,徒劳地寻求文章背后实际不存在的"微言大义",无论是出于习惯,还是出于本能,恐怕都已过时了。

这样的读者,也许是不那么容易满足的,这就要求编辑要更加地"知道",更全面地"知道"。编辑或许不直接参与精神领域的某种创造,却要致力于推进这种创造。沈先生称之为"再创造",他说,写作和阅读存在着辩证关系,作者和读者必须相互依靠。读书不是消极被动地接受,而是读者在作者引导下的一种再创造。我们想要追求的境界,倒正是萨特拈出的那个"读者的再创造"。作为帮助读者读书的刊物的编辑,责任就是帮助自己的读者进行这种"再创造",影响他、作用他,使他产生"再创造"的欲求,完成"再创造"的过程。

促成读者的"再创造",三联书店在过去一个时期内出版的书和《读书》杂志,可以说是一个理想的实践项目,这已被读者、作者和业界所公认。沈先生和一代编辑出版人为了这种"再创造"而做出的种种努力,也可以说有口皆碑。

但沈先生所偏爱的做法,也许别具一格。对此,沈先生曾引经据典地说,维特根斯坦说有可说的语言,也有不可说的只可"显示"之事,当编辑的天天同语言打交道,本身却不说话，只是将作者的隽语妙言加以显示，以备被读者选择而已。在谈到具体做法时，他说，言在书中，亦在书外，这也许就是我们经常采用的一种激励"再创造"的办法，读了一本书，浮想联翩，往往看的是书内，想的是书外。读过那个时期《读书》的读者，想必都有这种"不言而喻"的感觉。

沈先生的另一个偏爱的做法，似乎更有自己的个性。他认为，为学也往往有别径，那就是不拘形式，不限格局，只求心领神会，不在背诵记忆，更不要什么教条陈规。所以，他一直在尝试或努力推进这样的做法，假如我们设想的读者是横靠在躺椅上，信手拿起刊物，从自己喜欢的那一篇文章随便读下去，或者是把刊物揣在口袋里，什么时候乏了掏出来翻翻——那么这刊物又该是一种编法。他一直说，《读书》应该可以让读者来"卧读"。在他看来，文章不够深入浅出，内容不够多样丰富，形式不够生动活泼，要说这些缺点是作者的文章，原就如此，似乎也无不可，但是老实说来他们的责任是要编辑部负的。

什么是沈先生所向往的编辑出版的"知道"呢？他说，编刊物要是能做到这程度，才可叫"绝"：编辑不是一味迎合地去研究市场的需要，并不总是挖空心思地考虑如何打好"擦边球"，使刊物惹人注目，而是同读者在精神、思想、心境上自然契合，"想到一块儿去"。他又说，它（《读书》杂志）显然要有更多的对文化的终极关怀，使自己更加具有深度——一种明白晓畅而非深奥费解的深度。我想的两句话，可能代表他在这方面的"知道"。

二

沈先生的个人风格，有些亦庄亦谐。常有人说他是"顽""老不正经"，而且是"越老越顽""越老越不正经"。还有许多人热衷于谈论他的各种"糗事"，以及各类"妙论"，往往令人捧腹大笑。

沈先生写文章和说话时，特别是在公开场合，"自谦"之词就比较多，习惯于说"无能""不才""不足"等，姿态都是比较低的。到了一定程度，就有了"正话反说"或是"正理歪说"，这似乎已成为他的风格，写了许多字说了许多话，总要流露出来这样的几段几句。作为一个文人，他有别于传统的文人，也有别于许多三联前辈。

其实，对沈先生察其言，观其行，就不难体会到他这种"反说""歪说"背后的"正话"和"正理"。他时常自称"我是三联下岗职工沈昌文，我在三联扫地"，退休二十多年，又在其他出版单位"混"得风生水起，在"江湖"上声名日隆，却还念念不忘他的"出身"和"老东家"。我们很少能够看到，一个退休的"一把手"，像一个普通员工二十多年来几乎天天到原单位去，默默地做和书有关的事。他一生只从事过一个行业，就是和三联相关的编辑出版行业，他只受到过一种影响，就是三联的影响，他对三联的爱，是无法抹去的。

沈先生还说，自己是个"三无掌柜"，带了个"三无"编辑部。"三无"者，有人总结是"无学历、无职称、无阅历"，言外之意似乎是"有能力"。但沈先生自己的解释是，"无为、无我、无能"，一个十足的"三无世界"。他还写过一篇回忆《读书》杂志的自述，题为"出于无能"。但其中有一句话，就不认为无能者必然无为，"现在世上多英雄，遂使无能者有效力之地了"。如前所述，这个"三无"正是他对编辑出版工作的深刻理解和认识，只是表达方式不同而已，这正是他的别具一格之处。

沈先生常说"废纸我买"。他的"名片"本身就是用名副其实的废纸裁成的一方小纸，上面漫画了一个平头憨笑的老头儿拎着一捆书，上写"废纸我买"。"废纸"者，就是用了一面的复印纸，他用来粘贴或再次打印新的资料。他的个人资料绝大部分都是用这种方式整理和保存的，直到去世前几天，他还在整理资料，说要交给在美国的女儿。他的一生都在做编辑工作。"废纸"的另一所指，是旧书，有时是复印或复制的旧书。沈先生的一大爱好，就是逛旧书摊、淘旧书。无论在北京、上海，甚至香港、台湾及国外，他都一如既往。他非常熟悉书的每一个细节，也时常把这种对书的爱传递给别人。许多朋友都经历过这样的事，沈先生说起一本书，对方没有又想读，沈先生就会想方设法淘到一本，实在淘不到他就复制一本相送。所以，有人借此评价他，圆融之中未失真淳，待人接物仍循常理。

有人问沈先生，您最近在忙什么？他总会毫不犹豫地说，什么也不干，吃喝玩乐呢！他说的"吃喝玩乐"其实都是在餐桌上，他主持三联书店工作时，就以经常组织饭局而闻名，他还说过，要想征服作者的心，就要先征服作者的胃。沈先生不是美食家，他所组的饭局也多在价廉味美有特色的小餐馆。他只是用这种方式来和作者以及出版相关的人沟通。他还把退休后的生活称为"帮闲"，进而总结了二十个字的"工作流程"，即"吃喝玩乐、谈情说爱、贪污盗窃、出卖情报、坐以待币"。通过这些亦庄亦谐的话，我们也许可以更深刻地体会到他对编辑出版行业的热爱和执着。

有人问沈先生，您最近在看什么书？他会说，红的和黄的，这当然也是亦庄亦谐的话。但有一点却不是玩笑，在邓丽君的歌曲还被称为"靡靡之音"的时候,他就深深地喜欢上了邓丽君的歌,多年来,他听过并收藏有邓丽君所唱的全部歌曲,还曾买了许多《十亿个掌声》送给朋友。在为沈先生移灵送别的时候,他的女婿播放了邓丽君唱的《甜蜜蜜》,"在哪里,在哪里见过你,你的笑容这样熟悉……"

鲁迅曾说,有谁从小康人家而坠入困顿的么?沈先生就出生在老上海的这样一个家庭里,未成年就辍学到一家银楼去当学徒。"我从五六岁的时候就在板缝里看外面的这个世界,一直看到了现在。"一九四九年,他的命运发生了改变。沈先生进入人民出版社时,确实是一个"无功劳、无革命经历、无前辈领导"的年轻人,他从秘书(勤杂)、校对等最基层的工作做起,能做什么就做什么,从不敢有任何怠慢。一九八六年,沈先生受命主持新组建的三联书店工作,他不无感慨地说,我是第一名"新三联"。可以说,出身、经历的不同,造就了沈先生的个人风格,也使他与众不同。

读了《知道》和沈先生的其他一些自述类著作,就会对沈先生的个人风格和"不同"有更多的体察和感悟。沈先生晚年,把他和部分《读书》杂志作者的通信编成《师承集》,在其序言"我的老师"中有一句夫子自道的话,"现在,我居然可以自由出入任何一个大教授的家,彼此畅谈一切!现在人们老夸沈某人当年编《读书》杂志多带劲儿。其实,这劲儿全来自改革开放那个好年代,并不是沈某人的个人能耐"。

三

记得是在二十世纪八十年代后期,有一次沈先生讲起邹韬奋为生活书店定下的店训,"竭诚为读者服务",我当时觉得这似乎很平常,所有的服务行业不都是竭诚为顾客服务的吗?沈先生说,其实不然,编辑出版是一个很特殊的服务行业,韬奋先生的话,好就好在那个"诚"字。这个"诚"字具体而言是什么呢?沈先生没有明确说明。但他接着讲了陈翰伯、陈原、范用和史枚等几位前辈的故事,我听下来这几位前辈都是一心一意地热爱出书和读书的人,无论在什么样的条件和环境下,都一心一意地追求把自己认为最好的书奉献给读者。什么样的书才是体现了竭"诚"为读者服务的好书呢?这应该和几位前辈各自的胸襟和见识有关。

沈先生曾讲过,生活、读书、新知三家书店在一九四九年之前有一个重要的功能,就是共产党在国民党统治区的工作机关。一九四九年以后这个功能不再需要了,但三联书店的名号为什么还要保存下来,而且现在还要恢复独立建制呢?这就是因为这三家书店在那个年代都出版了一批留下过历史痕迹，引导过时代潮流的好书。一个出版机构，其实不需要人来写其历史，它所出版过的书就记录了自己的历史，这就好像魏文帝说文学家不需要别人来写传记，他写出的作品就是自己的传记。

一九七九年《读书》杂志创办的时候，三联书店的前辈们就确定了这本杂志的宗旨——"以书为中心的思想评论刊物"。这有其历史的传统，抗战胜利后，陈翰伯和陈原等前辈就在上海把原来主要刊登书目的《读书与出版》改成一个以书籍为中心的思想评论的综合性杂志。这个杂志后来因为一九四八年底三家书店受到政治压力迁往香港而停办。对思想文化的评论和关注，把思想文化作为出版方向，可以说是三联前辈们的一个夙愿。对此，沈先生也说过，《读书》不是学术、时论杂志，它以书为中心，围绕书说话。围绕书说什么话呢？就是说对思想有贡献，对文化有终极关怀的话。

沈先生在主持三联书店工作的时候，有一个很重要的出版方向，就是大量引进港台和海外的著作，这在当时可以说是一种"新知"。他曾这样理解"新知"，新知不只是存在于海外的，也不只是介绍进来大家知道一下就算了事，就像马克思主义这种新知必须与中国的革命实践相结合一样，任何称得上新知的东西都要从中国的立场来考察，同中国的事物相结合。他还认为,"两制"究竟是在一国之中,大家多年来所读、所见、所闻都是一个祖先传下来的文化,因而也不能不有许多方面的共识。因此,他在做翻译和引进的时候,首先关注的还是国内的形势和国内读者的需要。

在引进和翻译的海外著作中,有许多是"老书",比如《宽容》和《存在与虚无》等。沈先生则说这是"向后看"。"向后看",其实就是补课,学习和研究在我们以前走过现代化道路的那些国家,补上某些曾经缺失的课。因此,要研究和出版在那些国家和地区曾经产生过重要影响的"老书",对比中国的历史和现实,找到可以借鉴的东西。这不能不说是一个比较前卫的思路,其终极目的还是要在思想文化方面对社会、对读者有所贡献。

沈先生回忆,他曾多次到上级机关和有关部门去解释、汇报和检讨,不胜其苦,有时甚至感觉到走投无路,这也是编辑出版工作中的风险之一。交涉的结果,他总是说,"心诚则灵"。"诚"在何处呢?他说,年轻的时候他反复学习过列宁和毛泽东关于编辑出版工作的论述,深知"阶级斗争工具论"的内涵,也在不断的工作实践中逐渐体会到了需要把握的边界。但对这些似乎也不必悲观,他说他曾从一位研究古典文学的教授的话里获得过启发,有人把写近体诗比作"戴着镣铐跳舞",但能把这个"舞"跳好的诗人有那么多,当编辑的为什么不能把这方面的工作做得更好呢?所以,沈先生就感悟到,无限制的编辑自由是不存在的,但是目前一个编辑的首要社会责任应当是解放知识生产力而不是限制。一个编辑应该更多地在这方面做好文章。

沈先生主持三联书店工作时的一个重要创意,就是举办"《读书》服务日"活动。要做好"思想评论",要突破自身的局限,沈先生想到,这就需要多向社会请教,从作者和读者那里去开发资源。受某厂家"售后服务"的启发,他想到了以"《读书》服务日"之名来举办编者、读者和作者以及社会各界的交流活动。结果,"《读书》服务日"成了京城文化界的一道风景,三联书店和《读书》编辑部获得了前所未有的资源。虽然是"无主题、无主持、无主讲"漫谈式聚会,却从不缺乏思想文化方面的高见和各种思想观念的交锋。沈先生回忆说,"服务日"过后,够我们编辑部消化好长一段时间,大家兜情况,想选题,深入组稿,所有这些事都有了动力。当然,"《读书》服务日"最受益的群体还是读者,除了广大读者能够陆续读到更多的三联好书之外,更有许多读者亲临现场,和作者、编者面对面交流,获取各类新书出版的信息并且买到了书。今天,这个成功已再难复制,但不能不说"服务日"活动是"竭诚为读者服务"的一个重要实践。

什么是三联精神呢？回想起来，从沈先生作为第一任三联书店领导人的编辑出版理念和实践上来看，这种精神就是长期坚持开拓思想文化领域，引领时代潮流。沈先生和诸多三联前辈都有一点共识或共同之处，用沈先生自己的话来说就是，书籍主要的文化功能，是积累文化，是对人们精神生活的潜移默化，所有这些都属于所谓长期效应，写书、编书、出书、评书的人都应当有这种长远观点。他们终其一生的努力，就是坚守这种长期效应和长远观点，也可以说是坚持了"竭诚为读者服务"中的这个"诚"字。和其他三联前辈相比，沈先生只是其中别具风格的一位。

记得沈先生曾说过，他写的《读书》编后语，也就是《阁楼人语》中，自己比较得意，同时也别具特色的一篇是《拟作〈洗澡〉又一篇》。沈先生自称这是为了"推销"杨绛的《洗澡》一书而"擅作续集"，杨先生自然也"无法阻挡"，何况沈先生的"拟作"和杨先生后来写的《洗澡之后》还有许多"暗合"之处呢。

沈先生"拟作"的最后，许彦成的那一声"感叹"，在今天也还是一句"感叹"。依照沈先生的思路，许彦成大概也像杨绛先生一样高寿，或许还名满天下。此刻，许彦成一定在想：又过了三十多年，《读书》的女编辑也都退休了，只有沈昌文这个三联"下岗职工"还时常和我联系，请我吃饭，给我寄书，不打电话了，就发邮件说各种新鲜事儿。如今他也走了……我要写点什么呢？"真要自己写纪念文章，怕还不是那么一层意思！"

书缘一甲子

——我同沈公的交往

郑异凡

(学人)

一

二〇二一年一月十日一早就收到著名出版家沈公无疾而终的消息,非常出乎意料,因为在我的印象中,沈公除了耳朵背,还是背着双肩包满城跑的小老头,怎么说走就走了呢!我给治丧办公室打了电话,告诉那位女工作人员,我就是沈公在书上提到的编译局"三君子"之一,这三君子,一位是研究第二国际、伯恩施坦和考茨基的专家殷叙彝,另一位是原编译局副局长林基洲,现在这两位君子已经先后走了,在天国恭迎沈公。我请求她代我送沈公一个花圈。我们三人都是在二十世纪六十年代初开始同沈公交往的。那时中苏开始交恶,互扣帽子,中共说他们是"现代修正主义",他们给中共扣"托洛茨基主义"之类的帽子。中共反托派多年,但对托洛茨基到底说了些什么并不了然,因此,就要中央编译局国际共产主义运动史资料室提供托洛茨基的著作,由人民出版社组织翻译出版。我那时刚从苏联留学回来不久,因为写毕业论文曾经在苏联科学院的图书馆特藏库查阅过反对派的著作,因此,领导就把这项工作交给了我和时任资料室副主任的林基洲同志。我们先跑北京市各大图书馆,如北京图书馆、首都图书馆、北京大学图书馆、清华大学图书馆,还有中央调查部图书馆、中央联络部图书馆,收集中外文的托洛茨基著作,编出托洛茨基著作目录,然后选出有代表性的著作,让出版社组织翻译。人民出版社负责跟我们打交道的就是沈昌文同志,那时当然还不叫沈公,也就是三十岁左右的非常精干的青年人,负责组织翻译。

由于苏联当局的查禁,俄文版的托洛茨基著作很少,多数著作只能从英文转译。沈公很有办法,很快就找到合适的译者。那时候有不少高级知识分子被打成"右派",分到劳改农场干活,沈公就找到他们,利用他们的英语,名之为"废物利用"。这批专家的翻译效率非常高,我们很快就看到一本一本的托洛茨基著作的译文清样。沈公把这些清样发到我这儿,由我做两件事:一件是防止译文中出现外行的翻译,因为这些专家外文虽好，但对苏联史不大熟悉；另一件是写评介文章，提供给中宣部出版处印发在《外国政治学术书籍编译工作简报》，上报给中央有关领导。例如我写了一篇《现代修正主义者对斯大林的攻击很多地方同托洛茨基的论调一模一样——托著〈斯大林——对其人及其影响的评价〉简介》，引起康生的注意，批示赶快出版。在我们的合作下，那几年出版了多本托洛茨基的著作，如《俄国局势真相》《不断革命》《被背叛了的革命》《斯大林评传》《苏联的发展问题》等等，还有我和林基洲同志编选的《托洛茨基反动言论摘录》《托洛茨基言论》，再加上解放前出版的《俄国革命史》《托洛茨基自传》等图书，应该说托洛茨基的主要著作都有了中译本，虽然这些书都是内部发行，并且是编号发行的。一九九〇年我去联邦德国参加托洛茨基问题国际研讨会，会上有位西方学者说，你们中国学者连托洛茨基著作都看不到，怎么研究托洛茨基问题？我告诉他们，托洛茨基的主要著作，我国都有中文译本，我列举了这些著作的名称。他追问，这些书你们中国学者能看到吗？我回答说，凡是研究托洛茨基问题的学者都能看到。由于改革开放，这些书已经不再是绝密的禁书了！西方学者的提问是正确的，如果连托洛茨基本人的著作都看不到，你怎么研究托洛茨基，怎么同国际同行交流？托洛茨基很注意收集各种档案文献，他被驱逐出境的时候，随身带走了几十箱的图书档案，他对斯大林体制的批判，对斯大林所作所为的揭露都有扎实的根据，这是西方那些研究苏联问题的专家所无法比拟的。读托洛茨基的著作，对研究苏联历史有很大的帮助，我们看到的不再是流行的一面之词了。可以想见，沈公亲手编辑出版这些"灰皮书"，必然会同官方的《联共（布）党史简明教程》中的说法做比较，在心中得出自己的结论，这同他以后开放包容的出版方针，肯定有内在的联系。何况沈公看到的不仅是托洛茨基的著作，还有诸如布哈林、考茨基、伯恩斯坦等"修正主义者"的著作！还有一书值得一提，一九六三年，我收到沈公编辑出版的《编辑手册》，这本小书介绍了许多编辑的基本知识，提供了大量参考资料，是我从事文字编辑的入门书，也是一本案头书，可以随时查阅世界各国的货币名称、计量单位、外文字母、符号等，是一本非常实用的编辑工具书。

二

一九七六年"文革"结束，为清除"四人帮"的流毒，《人民日报》理论部的汪子嵩先生约我写列宁批判"无产阶级文化派"的文章。说实话，我对该派了解不多，没敢贸然答应，但是汪先生一再坚持要这篇文章，我只好去翻阅各种俄文文献，找到了"无产阶级文化"倡议者波格丹诺夫以及该派主要理论家的很多文章,积累了不少资料,我觉得这些资料值得翻译出来,编辑成书。苏俄二十年代的文艺思潮很早就传入中国,普罗文学对中国文艺界的影响很大,但我国文艺界对"无产阶级文化派"并不熟悉。我想把编译这本书纳入单位的工作,领导没有同意。我的习惯是看准了的工作绝不放弃,就用业余时间翻译这些文章。我把这个选题告诉沈公,沈公非常赞同,说你把它弄出来,我编辑一下马上就可以付排出书。我们相交多年,互相知根知底,他知道这本书的价值,也相信译者的水平,所以一拍即合,一九八〇年十一月就见书了!编辑和译者的相互了解非常重要。我曾经翻译了季诺维也夫的《列宁主义——列宁主义导论》,交给人民出版社的某位编辑处理。这位编辑用很长的时间核对译文,这当然是认真负责的表现,不过,这样一来时间就拖得非常长,而他对译文提的修改意见也不那么可取。如果编辑和译者,相互之间比较了解,有些工作是可以简化一点的。

三

"文化大革命"给人们的一个重大教训,就是再不能以阶级斗争为纲了。在阶级斗争问题上,我国深受斯大林理论的影响，斯大林当年批判布哈林的"阶级斗争熄灭论"，断言社会主义取得的成就越大，阶级斗争就越尖锐。为正本清源，在二十世纪七十年代末，我开始研究布哈林的阶级斗争理论以及他关于社会主义建设的一系列理论主张，并撰文宣传。八十年代国内出现了"布哈林热"，颠倒的历史被反转过来。一九八八年，苏联正式为布哈林平反。我写了一篇《布哈林研究在中国》，简单回顾了二十世纪二十年代布哈林作为马克思主义者被介绍到中国，八十年代国内再次出现"布哈林热"的情况。文章寄给《人民日报》理论部，理论部决定发表，已经排上版，但被总编撤下。那时正在反精神污染，布哈林问题又成为敏感问题。我把此事告诉了沈公。一九八八年十月三日，《人民日报》理论部胡鉴美女士给我来信，说明情况，还说刚才沈昌文同志给她打了电话，"已同昌文同志商定，如果理论版最终不得不割爱，则我当将版样负责送交昌文同志"。由于编辑们的努力，《布哈林研究在中国》于十月十四日在《人民日报》刊出。此事使我非常感动，一篇短文竟然惊动了两家报刊的编者，他们不怕麻烦，来往联系，沈公和胡女士的热心使我难以忘怀！

四

一九八九年，《读书》第七期未能按期出版，改为七、八期合刊。合刊编就送审,上头认为内容并无不妥,但"不讲马列"。问题还是严重。沈公打电话来,要我赶写一篇讲马列的文章救急。我觉得很奇怪,一篇文章如果实事求是,据理看待和分析问题,那不就是遵循了马列的精神、讲了马列?不过,我还是应约用对话体写了一篇《列宁主义——定义及其他》交稿,看题目就知道,这是讲马列的文章了,沈公很满意,刊载在"学习马列著作专栏"上,杂志得以过关。专设了学马列的专栏,总不能再说不讲马列了吧,这是沈公的高明处!通过这次写作,我发觉用对话体写作颇有意思,就接连写了几篇关于列宁后期思想的对话给《读书》,沈公认为写得很有意思,把复杂的理论通俗化了,给我写信说,以后只要没有穷得没饭吃,一定给结集出版。沈公信守诺言,一九九六年在辽宁教育出版社的"书趣文丛"中出了我的《天鹅之歌:关于列宁后期思想的对话》。

一九九一年,苏联解体,苏联作为俄国历史上的一个时代宣告结束。沈公建议我把"文革"结束以来这段时期的文章结集出版,这当然使我喜出望外。他把我的稿子交给辽宁教育出版社,得到俞晓群先生的大力帮助,出了一本文集,叫《不惑集》,这是沈公给起的。这个书名,我有点惶恐,我们这辈人哪能不惑呢?惑者多矣!只不过有"四十而不惑"一说,套用而已。我手头有德国和俄国朋友送的布哈林一九三七年至一九三八年在狱中撰写的三本遗著：《社会主义及其文化》《辩证法概论》和小说《时代》，布哈林这三本书写成后被送到斯大林那儿，斯大林把它们藏进秘密档案库，直到二十世纪九十年代才重见天日。我同沈公商量把这三本书翻译出版，沈公非常支持，让我组织翻译，由他联系出版。《辩证法概论》一时找不到合适的译者，沈公交友甚广，找到资深翻译家、苏联电影的最早翻译者孟广钧先生。二十一世纪初，三本书翻译完成，由沈公交给辽宁教育出版社。沈公能够毫不迟疑地支持出版布哈林的狱中遗著，完全是基于他对苏联历史的认识，知道布哈林著作的价值。很可惜，由于辽宁教育出版社改组，加入辽宁出版集团，经费发生困难，布哈林遗著的出版计划落空了。交代一下，布哈林这三本遗著后来由重庆出版社出版了。

五

二〇一二年，我们编写《灰皮书——回忆与研究》，请了人民出版社的三位元老撰写回忆文章。第一位是时任出版社副总编的张惠卿先生，我们通过电话联系，张老给我们写了一篇非常详尽的有关灰皮书的文章。第二位是当时借调到中宣部出版处外国政治学术书籍编译工作办公室的冯修蕙女士,她已经九十多岁高龄,我们登门拜访,听取并记录她的回忆。沈公则被我们请到座谈会的现场,他对那段不平常的经历饶有兴味地侃侃而谈。后来我们选用了《也无风雨也无晴》中的记叙,这样可以避免过多地打扰沈公。这时沈公年事已高,但有女儿沈双女士陪同,让我们放心多了。二〇一四年夏,我去医院看望同事陈行慧女士,见面时她说,真不巧,昌文和白大夫几分钟前刚离去。就这样我们失去了最后一次见面的机会。陈行慧是中央编译局的资深翻译家,是沈公上海私立民治新闻专科学校的同学,他们在京的同学每年都会聚会一次的。沈公八十大寿,在三联书店的咖啡厅举行茶话会,晚上又有一个小型寿宴,我应邀出席。沈公耳背,笑眯眯地静听来宾的贺词,但未必都听得清楚。晚宴时我坐在他旁边,有些关键话语我在他耳边重复一下。我送给他一篇未写完的书评,现录如下,作为本文的结尾。要说明的是,这篇书评是临时起意的,确实没有写完,例如他跟作者打交道之"道",他对待读者的那个"道",当时都来不及展开。

附:未写完的书评——读沈昌文的《知道》

这本书起了一个很有意思的书名"知道",这个词不是英文的 know，也不是俄文的 знать，这些外语只表达了"知"的意思，却没有传达出"道"的含义。这个"道"非同小可，应是老子所说的"道可道，非常道"中的"道"。用现代语言来说，大概就是"规律""法则""道理""办法"，以至"行情""风向"的意思吧。沈公自称"知道分子"，可以解为掌握法则、行情、风向的人。沈公在本书正正经经地传授的是当一个合格编辑所应具备的品性，如广泛的知识、多种外语、敬业的精神。这一部分可以说是从业人员的入门书，有志从事出版工作的青年朋友可以从中学到好多课堂上学不到的编辑之道。但是当一名编辑，要存活下去，在我们这儿光有编辑的专业知识显然是不够的，还要掌握另一种"道"，那就是看风向、辨晴雨的本领。否则一不留神，就会被风浪卷到不知道什么地方去。在五十年代，沈公也曾经不留神差点被大风大浪卷走，所幸得到高明的上级指点，回头是岸，得以全身。用他自己的话说，一路走得还是比较顺利的。在中国办杂志是不容易的，不知道会在哪个地方触了哪个人哪一条神经，这就需要随时准备检讨。这位《读书》总编，不务正业，常做检查，口头的和书面的。无他，保住杂志是第一要义。在三联，在《读书》，沈公是一位知名的"检讨专家",领导把他安排在恰当的岗位上,发挥他的长处,可谓"知人善任"。长于检查,此亦"道"也,是有国之特色的"道"。不长于此道者,难免吃苦头。不过,我还是希望有朝一日能够废了此"道",让出版人能够一心一意地从事真正的编辑之道。能如此,幸甚!

二〇二一年一月十八日于蓬莱公寓

沈昌文记

朱 伟

(出版人)

我认识老沈很晚了。八十年代前半期,我是《读书》的读者,一九八七年后吧,我才认识了骑自行车的老沈。八九十年代,作为"文化摇篮"三联书店的三代领导,我认识老沈时,范用已经退休,我们先叫他"范先生",后来叫"范公","范公"是清癯、喉结凸出、很少显出温和的文人范儿。老沈身上,文人气则是没有的,八十年代有个时髦词称"泛西方",或"泛西方主义者";老沈一直说他是学俄文的,嘴里英文却常振振有词;老沈祖籍其实是宁波,却是笑得两个嘴角飘起,很典型的"海派"。到董秀玉,"精英主义"了。她从香港回来,接替老沈后,我们叫她"董总",但更多地叫"老董"。"老董"是地道的上海人,却只在请我们吃她出差带回的鲜肉月饼、到家吃饭她自己下厨时，才让我们体会到：哦，她也是上海人！

我在《人民文学》时，参加《读书》的服务日，很新奇这样的聚会：无长幼、无品阶、人人平常，无非提供个无须铺张的吃喝场所；熟人隔一段见着就觉亲热，新人变成熟人则再变成热闹；三五成堆，东拉西扯，各自成喜好，皆无拘无束、天南海北、自由恣肆。说实在的，那时我真惊异于居然还有三联书店这样的单位：无须正襟危坐、心口不一的会议，可以没大没小、口无遮拦；没有交头接耳、虚张声势、复杂的人际窥测，在轻轻松松、嘻嘻哈哈中，就可工作。这正是当时三联书店吸引我加入的原因。

我给《读书》写"最新小说一瞥"专栏时，是与老沈接触较多的一段。那时《读书》在朝内大街166号人民出版社的楼内，我早早骑车到那里，上楼就能闻到满楼道都是煮咖啡的香气，这香气就牢牢印在我的记忆里。那是我认识的老沈最意气风发的年代，我记得他的办公室不大，占满咖啡具，在咖啡的香气中，他就开始说《读书》各位老少作者近况，如数家珍。老沈是一直视办公室为家的，所以，《读书》编辑部、三联书店一直在他跨上自行车，蹬几下就能到的半径内。三联书店一度就在他家楼下地下室办公，《读书》编辑部后来又搬到过东四六条的街道办事处小楼，那小楼深秋的爬山虎很红，离吴方家很近。

老沈好吃喝，他感动我的是去我家，一九八八年吧，三五成群、无忧无虑的年代，也是深秋，我家吃大闸蟹，有查建英（那时她住建国门外），有李陀（他住东大桥），记不清还有谁了，一帮，就在我家化纤地毯上席地而坐。他在电话中说要来，我去接，天黑风大。他骑自行车，眼睛又不好，一直开玩笑说："你们都说赵丽雅漂亮，哎呀，其实我看不清她脸的呀！我站在这里，只能看得到她的轮廓。"他停车，跌跌撞撞，手里提着酒，我记得是五粮液。

老沈对吃喝的要求其实不高。他那时爱串《读书》编辑部方圆内的胡同，试探新开的小馆，遇到惊喜就拉长声称："哎呀，好吃得不得了！"怀期待而去，不过尔尔而归。怀念朝内166号时的《读书》，午餐时，老沈一声招呼，吴彬、杨丽华、赵丽雅尾随（记忆中贾宝兰好像很少参加），我们一行便骑车呼啸而去。有一次饭后老沈在与我并肩骑车时，曾以他惯有的腔调津津乐道道："一道典型代表女人的菜是麻婆豆腐：又嫩又麻又辣；典型代表男人的菜嘛，是蚝油牛肉。"蚝油牛肉如何代表男人我没记住，似乎是说："外嫩，内里还要经嚼。"

老沈吃饭,惯例是一瓶"燕京啤酒",他称"普京"。他的喜好,骨子里是家乡宁波的口味,好腥臭;其次才是本帮、杭帮的浓油赤酱。我真觉他吃到意犹未尽,是三联书店在永定门外面包房时(那时我在编《爱乐》),他来,中午常拉我去一处小馆,一人一只呛蟹,吃呛蟹嘬蟹黄时,才看到他那种真正的久别重逢感。他吃臭苋菜那种稀汁时,眉飞色舞。那年,殳俏帮我做完《三联生活周刊》第一本年货合刊,我们在大董店里聚会,请了老沈。那晚大董亲手做九转肥肠,色泽鲜艳地端上来,请老沈先尝。老沈不等放下筷子擦嘴,嘴角已经飘起来说:"按我的口味,味道还差那么一点点。哦,我喜欢的那种味道,你是知道的啦……"他觉得,肠衣处理得太干净了。

我常感慨,三联书店周围,本有一帮爱吃、爱笑、相遇热闹、互不遮掩本性的可爱老人。渐渐地,圈子就没了,敢露本性的人越来越少。老沈爱张罗吃饭,其实是他编辑手段之一种。他的说法:"做编辑和做菜像极了,做菜无非把各种东西拼在一起。"他安排饭局,让不同作者为主为辅,其实就为信息交替碰撞;食客无心,其实是在棋盘中,吃吃喝喝,选题解决,组稿也就落实了。外地来客,总需陪客,信息交接,又像情报交换。老沈熟谙什么人气味相投,他的编辑术,其实,很多体现在这样游刃有余的布局中。有一段时间,我曾是陪客之一,他手里有一把陪客,可经常替换;陪得最多的,当然是吴彬。

老沈不仅通过饭桌维系与扩展他的作者关系,还通过饭桌衍生编辑思想。他一直挂在嘴上,戏谑他的编辑理念是"吃吃喝喝、拉拉扯扯、打情骂俏、挑拨离间"等。"拉拉扯扯、打情骂俏"是他故意要引人捧腹的句子,到了晚年,他爱眯起眼用这些俏皮说法,不显油腻,但夸张多了,有些人就不喜欢此腔调。所谓"挑拨离间",营造作者间不同意见争论,增加刊物可读性,倒确实是他的一种编辑手段。《读书》创刊后,老沈其实一九八〇年就是执行主编了,到一九八五年是六年。一九八五年他开始蠢蠢欲动,一九八六年他接替陈原任主编,到一九九五年底退休是十年。他在《读书》十六年,尤其当主编这十年,是一直在借拓展作者类型的维度,求刊物的可读性与包容性。老沈有灵敏的嗅觉,清楚不同层面作者对不同层面读者的意义。主编确实如棋手,棋手段位在以落子谋局;主编确实如厨师,厨艺高低在配菜与火候。老沈在八十年代中后期,巧妙地用了甘阳牵头的"文化:中国与世界"编委会这颗棋子,在思想文化市场上,布了一个极有纵深的局。八十年代前半期思想文化"启蒙",在"冲破禁区"

后，我以为是金观涛、刘青峰为首的"走向未来"丛书起到核心影响（董秀玉亦是"走向未来"编委会成员）；八十年代中后期，则是甘阳、苏国勋、刘小枫为首的"文化：中国与世界"丛书起核心作用。老沈很重要的文化贡献，是以《读书》铺路，推动了"学术文库"与"新知文库"这一大一小两套书的规模出版，它构成了三联书店在八十年代中后期无法抹杀的辉煌期。老沈一直谦称自己"没有思想"，其思想是"偷"来的，但他知道思想亮点在哪里。他的"无立场"又最大限度地包容了老中青各种趣味作者的活跃性，他穿行其间，兴致勃勃。

如果把八九十年代的《读书》分成四个阶段（老沈当主编的十年，以一九八九年为界，分成两段），将杂志内容做个比较，我还是觉得，一九八五年至一九八九年这五年是编得最活泼的，可读性最强的。当然，那也是思想最开放的时期。

老沈与《三联生活周刊》的关系，则不仅在他通过走通新闻出版总署的关系，为《三联生活周刊》拿到了刊号。在《三联生活周刊》刊号拿到前，一九九二年冬吧，老沈曾对我说，想在《读书》开一个重新评论新闻的窗口。新闻做了报道后，在《读书》上重新展开讨论，以提高《读书》的现实敏锐度。他让我帮着邀当时新闻界一些朋友吃一顿饭，地点在新侨饭店。那晚去的有钱刚、杨浪、陈西林、杨平等,老董也去了。饭后若干天,老沈告诉我,老董说,这事情不能在《读书》做,应该由《三联生活周刊》来做;于是,就有了钱刚当《三联生活周刊》第一任主编,带领《三联生活周刊》的试运行。应该说,那晚见钱刚,才坚定了老董做新闻性文化周刊的决心。

老董一九九三年接老沈的总经理后,老沈继续做《读书》主编,开始主动要表达些立场了。其实,他退休后,已经移师俞晓群的辽宁教育出版社,与俞晓群、陆灏一起编"书趣文丛",帮陆灏筹备编《万象》。"书趣文丛"编了六辑六十种,基本将他在《读书》培养的作者集中梳理了一遍,在辽宁教育出版社形成集体亮相,这套书其实应该叫《读书》文丛"的。一九九六年,老沈离开《读书》,又开始与俞晓群、陆灏一起编"新世纪万有文库"。这个"新世纪"显然仿效王云五当年的"万有文库"。我理解,老沈是想通过"书趣文丛"与"新世纪万有文库"这两套书,将他的编辑生涯做一个总结。他为辽宁教育出版社工作时,恰遇《三联生活周刊》被要求搬回本部,寄居在三联韬奋图书中心二楼之一角,我和老沈于是就几乎天天见面。一早上,他就会到《三联生活周刊》上厕所。他一再戏称,感谢我们在三联书店建了一个有坐位、又提供手纸的厕所;整个三联书店都是蹲坑,他蹲不住。待韬奋中心开门后，他就开始在咖啡馆一拨一拨地会客，他在那里存着咖啡。我去咖啡馆，会遇到他，有时两桌变一桌；有时他也叫我，因为推开二楼的门，就是我的办公室。那时，我每天有闲，都会钻到韬奋中心的地下一层，翻文史书，在那里就时时会遇到他。他告诉我，他在找一些版权过期，值得重新出版的书。那段时间他很重要的工作就是列书单、找旧书。"新世纪万有文库"一共出了六辑三百六十多种，其中不乏值得留存的，却也因缺少严谨的编辑结构（可能原计划也未完全实现），没能构成应有的影响。话说回来，王云五当年的"万有文库"，其实也只是通过简陋廉价的一本本小册子，做系统文化普及的。"新世纪万有文库"只是没出到"万有文库"的数量，没做到"万有文库"的系统而已；而系统，实非老沈的强项。

后来，《三联生活周刊》搬到了霞光里，与老沈就见得少了，回三联书店或在饭局上偶尔遇见，就是那个背双肩包精神抖擞的模样了。一直听说他还是以三联书店为家，不是在咖啡馆会客，就是去三联书店的复印机上复印，有一段时间，三联书店小气地给复印机上了锁，他也能设法获得钥匙。再后来，我自己也到了退休的年龄，老沈的情况一直是靠打听的，听说他耳朵越来越背，身体却一直很好。

最后一次见老沈,还得感谢郑勇的安排,给他过九十岁生日。在沪江香满楼,熟人有潘振平、赵丽雅夫妇、赵珩。老沈端坐在那里,有点清瘦,嘴角不再飘扬,有点下垂。他听不见我们说话,对话基本要靠他大女儿贴近耳朵传递,大约因声音熟悉吧。那天他吃得很好,还是一瓶"普京"。听他大女儿说,晚上他一人住,每天还是去三联书店,忙着搜集与复印,说都是他小女儿要用的。我和潘振平感慨,他其实还是在做编辑的工作,当编辑的,大约一辈子都卸不下这份职业担子吧。

那晚后不久,就听说他在医院查出了腹水,又听说他很快就吵着要出院回家,依然去三联书店"上班",照旧吃喝,直到那天睡着后,就再没醒来。三联书店我认识的老人中,丁聪夫妇、老沈,都是在世能给人带来快乐的人。丁聪夫妇走了,老沈也走了,给人带来快乐的人又少了一个,无趣的人也就越来越多了。

文字里的沈昌文先生

汪家明

(出版人)

三联的老总里面,我第一个认识的是沈昌文先生。查日记,一九九七年一月二十九日:

上午与克力、刘瑞琳去万圣见刘苏里,接方炜电话,云金辉已同意写《长江传》。于是去方炜家,在他家吃饭,谈稿件。下午五时在东四北大街阿静馆请一些名人吃饭,谈《书梦重温》《老照片》稿,有潘国彦、沈昌文、陈丹晨、顾骧、金宏达、于青在座。正巧谈到《黄河传》《运河传》三传时,沈提出他有《尼罗河传》的校样,喜极(此三传构思来源于《尼传》),他答应给。另,电话请刘苏里派人送《老照片》八册,费时一个半小时方到,十分够朋友。范用老先生未能赴约，但请潘捎来一封信及一本书稿样子，请我们参照，精神可感也。

当时，《老照片》刚出第一辑，饭局上分发给各位，沈先生翻看了一下就说："你这是老照片里的《读书》。"我悚然一惊，因为设计栏目和版式时，确是处处仿照《读书》，但所有看过的人，只有沈先生一语中的。

其实我对沈先生早就仰慕，而且受教匪浅。一九九一年起我主持《山东画报》杂志的编辑工作，每月要写一篇《编辑手记》，大都是发稿前一晚加班写成。此稿我很看重，写之前必读《读书》末尾的《阁楼人语》，虽然内容风马牛不相及，但我需要那种书写的气度、站的高度，以及文字的风度。一九八八年第一期的那篇，我很喜欢，用过多遍——几乎写前必读，乃至朗读成诵：

> 上级规定，从一九八八年起，每个刊物要公布主编、副主编的姓名。读者会在这一期《读书》末页发现两个陌生的名字，不免突兀，因此有必要稍作交代。
>
> 《读书》是若干位出版界的前辈创办的。陈翰伯同志作为全国出版事业的领导人，曾对《读书》的擘画、创

办尽了很大的力量。陈原同志在领导商务印书馆、研究语言科学、主持中国语文应用工作之余，长时间担任本刊主编。三联书店负责人范用、倪子明、史枚同志，继承"三联"传统，以副主编身份，带领若干年轻编辑，面授身教，并负责实际编务有年。文学家冯亦代和漫画家丁聪同志，也长期以副主编、编委等身份，帮助《读书》工作。此外如三联书店编审戴文葆同志、中年哲学史专家包遵信同志，都曾为《读书》尽力。当然还可举出一批顾问、编委的名单，限于篇幅，就不细说了。

按照当前对刊物编辑工作的一些规定，主编、副主编的责任，落到了两个也曾长期参与《读书》工作却无甚"知名度"的人身上。沈昌文由于其在三联书店工作之便，几年来为《读书》处理种种全局性的事宜，而得以忝为主编。董秀玉也因其在三联书店工作，现调往香港，得以联络海外作家，使《读书》更具有沟通海内外的作用，列为副主编。

《读书》的编辑工作由三联书店《读书》编辑室担任。那里有五位三十来岁的编辑：吴彬，中国文学编辑；赵永晖（丽雅），外国文学编辑；杨丽华，哲学、美学、心理学编辑；贾宝兰，经济学编辑。五人之首为王焱，董理编辑室的日常编辑工作,并兼任历史学、社会学等方面的编辑。

值得提出的是,老一辈的《读书》创办人虽然已经不再担任日常编辑工作,但仍然在为《读书》操劳,仍然是《读书》大家庭中的一员。如本期卷首一系列老作家的文章,即为范用同志所辛勤组约。陈原同志将在近期推出他的专栏。冯亦代同志不顾高龄年迈,每期文学稿件仍然逐一过目,还每期必定撰写海外书讯一则。丁聪同志仍然设计版面,画绘人像,而且效率之高,为所有老、中、青之冠……

《读书》之"班底",大致如此。所以为此饶舌,不是想借以宣传《读书》如何实力坚强,而只是交代一下:《读书》并未改组,刊物办好办坏,也还是当年的这么些老的、中的、少的,男的、女的……

这篇文章从容不迫,一石三鸟,明面上是遵照新规向读者交代,实际上背后有一些苦衷和坚持;偶尔的几个文词,"有年""忝为""董理",用得恰到好处,振振有词,而又谦恭,有股说不出的味道。明明是大白话,却又文气逼人。

后来我看到沈先生写的一篇审稿意见:

子明、文葆同志：

大约半年以前，范用同志交我张申府的《所思录》复印本。我觉得新奇，留下看看，没有想到出版问题。后来，张的女儿又送来续集手抄稿，我又看了看。都只是夜深人静之时，随手翻翻，不作任何札记，单纯为了欣赏。

前些时候范用同志又交来萨空了同志意见，方知目的是为了出书，才觉得问题严重起来。我原想再看一遍，作为审稿，但是实在找不出时间。何况此书言简意深，真要"审读"，却实在没能力。再问范用同志，他说可请示你们解决。

我这里略述浏览时的印象，以供参考。

张申府先生，我徒闻其名，完全不了解其经历，现亦不暇查考。哲学界的几位张先生，我可能有点"缠夹二"，分不清楚。只从书看，张先生当是一位早期的社会主义者，或信仰辩证唯物论的，另外还服膺罗素等人。但绝不是列宁所望的哲学家。从这里出发，全书颇有可观之处，不少问题谈得比较深入，耐咀嚼。这种类似格言形式，也很有意思。这类书，我只读过德国哲学家里希登贝格的《哲学格言集》（俄译本）、维特根什坦的《逻辑哲学论》(谷鸢译本),另外艾青的《诗论》虽谈诗作,形式也是这一类。这些书我都爱读。所以天生地对它有点好感。(法国哲学家巴斯噶的《所思录》,可能与张先生之作有渊源关系,但我不懂法文,未读原著,不敢妄议。)从这里说,我以为此书值得出版。不过另一方面,也有几个问题:

a. 书中不时谈起中国问题,说中国的现状应如何如何才能解决。作者所议,自然不是中国共产党当时的主张,也没有用当时的语言。这类书生之见,可否在现在的出版物中听之任之。

b. 书中议论,言简意深,好处是启发思考,坏处是可以任意解释。不若现在的文章,一个命题出来,前后左右,这里有"基本上",那里加"但是",还有"相对地说来""在某种程度上""在一定范围内"等等,统统用栅栏围住,使人只能在作者的议论下就范,无法作别的解释,或者当有人起而攻击时,有种种通路可走。可是万一有位批评家,把这本书中的文字串起来,说是宣传某某思想,实在很难辩解。此所以这类格言式著作目前难以兴旺之故?

c. 对张申府先生如何评价,我不知道。发表哲学思想，按国内习惯，当涉及哲学家之为人，特别是政治立场。此节我不了解。

此类老一辈的著作，我想还是你们老一辈的同志先予研究，给予指示。可否请你们先定一原则态度，然后再指定责编。

沈昌文

八四，六，二十一

这文章观点是明确的，甚至有点自负，但说到实际处，又进进退退，说"好"还是"不好"？"行"还是"不行"？似乎都有点。正如他文中所说他人的文章，用"栅栏围住"，"有种种通路可走"。可是，读这样的文章，虽然只是态度端正、公事公办的"审稿意见"，却觉得有滋味，别着劲儿，挺好玩，能感觉到文字背后那个人，那位我辈心目中的沈先生。

以上还是沈先生的工作文章。待他完全退下来的晚年（连辽教的事也不做了），那文章就放开来写了。比如他在自述《出于无能》的最后一节里"谈自己"：

写到最后，到了"十三"这一不祥之数，现在把它留给自己。

老人爱谈往事，如我辈不学者，更只能借往事来炫耀过去，借此满足虚荣。上面十二则里，明说别人，实际上处处没忘掉自己，在在要唠叨几句自己并不光彩的过去。现在还能说什么？说说思想吧。

我从十三岁离开正规学校，拜师学手艺，十九岁在穷愁潦倒之际幸而考入出版社，当了校对，从此开始出版生涯。我是尝过失业失学的苦的，所以大约在做出版工作的头三十年里，勤勤恳恳，只求捧住饭碗，做个唯命是从的"乖孩子"。接手编《读书》以后，大吃一惊，原来现在要做的事，需要独立思考，不能只靠"乖"吃饭。虽有众"帅"在位，可以遮阴，但是还得靠自己去思索和操作。

....

总结在《读书》这些年，略有所成，均得力于自承无能，于是才能较好地执行《读书》众帅意图，才能同许多名流学人打成一片，也才能少出一些事端。整个八十年代，是英雄辈出的时代。"世无英雄，遂使竖子成名"。现在世多英雄，遂使无能者有效力之所了。这道理是明显的。本文以"无能"为主题，开篇谈过，曾经征求吴彬等女士意见，她们都赞成的。吴女士对此，除赞成外更有新见。她觉得，我们不仅无能，更全面地说，应是："无为—无我—无能"——十足一个"三无世界"。她这么说，更全面更好。但因原题已打上电脑，也不改了，只把吴女士的想法附记于此，并表赞同，以备参酌。

　　自嘲是出于自信。很多人认为，沈先生天真、狡猾、机智、幽默、随心所欲，其实还要加上自信，甚至，自信是他所有表现的基础。他的自信来自何处？来自读书，读杂书。只因喜欢读杂书，做出版，他也多出杂书，什么《耳证人》《婚床》《情爱论》《戴尼提》等（他当政时很少出大部头的巨著），所以他擅做杂志，做得风生水起。退休后策划"新世纪万有文库"，彻底过了一把出杂书的瘾。

　　说沈先生"随心所欲"，我倒觉得不然，他是有所忌惮的，正如他自己所说"跪着造反"。他的一生比较简单，几乎是从一而终——人民出版社、三联书店，各次运动没受到冲击，然后赶上了一个大时代。

　　我是二〇〇二年调入三联书店的，起初，沈先生经常约我参加一些饭局，有意让我认识一些作者。他几乎每天都出现在三联书店办公楼里，背着双肩背包，逡巡着，似乎很忙，又似乎没什么事。遇见他我总要寒暄几句。但慢慢的，他的听力越来越差,对话越来越难。我离开三联书店那年,他八十岁了,还是一如既往,一层一层楼走一遭,像是来打卡的。楼里与他相识的人越来越少,他的出现不会引起任何波澜。不知为什么,这时见到他,我有种凄凉之感——像个恋家的儿子,除了家,他不知向何处去——起点在这里,终点也必将在这里。

二〇一四年四月八日,三联韬奋书店二十四小时店开业,在美术馆东街的店门外举行隆重的开张仪式,围了一大群人。在人群之外,马路对面的黄河水面馆的高台阶上,沈先生独自一人静静坐着,双腿垂下,瘦小的身材,淡淡的笑容——在我心目中,这位在文字里自信、机智、狡猾、自嘲的历史人物定格在这一刻。

二〇二一年十一月二十九日,北京十里堡

沈公的"肺腑之言"

陆　灏

（出版人）

　　二〇一六年四月二十八日，沈公偕家人来上海，参加他的老朋友张慈中在枫泾的"书籍装帧艺术馆"开幕仪式。第二天晚上，我和他们在"小绍兴"吃了晚饭，沈公的家人亲戚去逛街了，我陪沈公步行回宾馆。到宾馆门口，沈公说："我们就此别过。也许下个月见，也许明年见，也许再也见不到了。"

　　那些年，我已经很习惯沈公的胡说八道了，但那次忽然有点伤感。

　　一九九〇年秋天在东四六条某个街道办事处《读书》编辑部临时办公地与沈公初次见面，已经二十多年了，沈公也八十好几了，总会有真的"再也见不到"的那一天。但不久后又见面了，依然生气勃勃，依然胡说八道。二〇一九年十月二十六日,在北京前门Page One书店参加《八八沈公》的新书发布会,当晚在南小街的"徽商故里"为沈公祝寿,十多位老朋友欢聚一堂……

想不到那竟是和沈公交往三十年的最后一面。

九十年代初,我在《文汇读书周报》当编辑,每年要去北京组稿,《读书》杂志的赵丽雅最为热情地陪着我拜访作者。可能同是上海人的缘故,沈公对我一见如故,邀请我参加《读书》举办的各种聚会,还带着我拜访过吕叔湘、陈原、李慎之等前辈学人。赵丽雅看到沈公这么热情,有些不解,问:"《文汇读书周报》是我们的竞争对手,你为什么对陆某这么好?"沈公回答说:"要消灭一个对手,最好的办法是把他变成朋友。"

沈公真是一个老狐狸,轻轻一句话,就把我收服了。

之后,沈公不断在各种场合关照我,我也在上海为《读书》杂志做点琐事。再后来,沈公带着吴彬、赵丽雅和我组成"脉望",为辽宁教育出版社编辑了"书趣文丛""新世纪万有文库",我也成了沈公的"自己人"。

但是,真正和沈公关系密切,是在九五、九六年。

一九九五年,我调离《文汇读书周报》,到《文汇报》别的部门工作。那年六月二十九日，沈公有信给我：

陆兄：

....

你离开"周报"，也好。我很想做三件事，这里的赵小姐等，还都不是人选。不知你可否合作。但我至今还不知这三件事如何着手。现在先不作"求婚"，而只是"初恋"，向你说说理想，如有可能，我们再进一步讨论婚嫁。这三件事是：

1．编一本《书香》小刊物。专供爱书人阅读，讲与书有关的性情、趣味，当然也有信息。恰如《读书周报》之二、三版，而还要活泼些、轻些，但绝不要第四版。

2．成立一"书香俱乐部"。提倡爱书，吸引年轻人，把"爱书"活动"炒"起来，热得像集邮一样。

3．遍设阁楼书店。只要有条件，在亭子间、灶披间、前楼遍开小书店，以书香吸引人来"寻花问柳"。

我觉得，如有人做，这些事均有前途。我可走上层路线、海外路线，但没精力具体做。这三件其实只一桩，就是搞"爱书"活动。我觉得人若不从年轻（高中起）就有书癖，则很难以后会真正喜欢上书。设法把"爱书"

炒热，像炒股票一样来炒它，也许会有新局面。

我与三联关系日渐疏远。三联不大会有兴趣做这些。要做，可以《读书》名义做。赵现在肯支持我，但她无此能力和兴趣。她只能留在《读书》，稳住后台。希望有人能来"拳打脚踢"，在前台唱武生。不然做不成。

不知您怎么想。

虽然沈公说是他想做的事，而事实上，是在为我设想。但还没来得及谈婚论嫁，风云突变，第二年（九六年）元旦上午，我接到沈公的电话，说他一早接三联书店人事处的电话，通知他即日起退休。沈公后来曾多次表示，那是他精力、经验等处在最高峰的时候。夏天，他去美国探亲，回来后的九月二十四日给我写了一封六页纸的长信，说了他今后的"事业"构想，也为我的"事业"做了周全考虑。这封信是写给赵丽雅和我两人的，这么开头：

关于陆兄事业种种，本不欲直言（因涉及××），现在反复考虑，觉得还是稍作交代，以免以后误会。

这里说到误会，指的是当时另有一位出版界的前辈邀请我加盟他构想中的一本刊物，沈公详细分析了其中的利弊，这是信里的第一、第二点，然后说：

（3）沈某此间，可委托陆兄之唯一雅事，即是《万象》。我希望，此事全由陆负责，由考察、研究入手（过去为此出力不够，望陆能补足），提出方案（可全盘放弃过去方案），逐步进行。可以再找国内出版社，相信可以找到（辽教不必再争取，尽早另找婆家为好）。同时亦可找外海单位。我对此事办成，尚有信心，尤其是在哈佛与李欧梵教授晤谈后。问题是事情要有人做，而我眼下全无可能从事此事。

（4）沈某之不再主持《万象》，其顾虑，主要在《读书》。……我觉得，不能再有任何与现在《读书》竞争之迹象出现……此中委曲，一时难以尽言。另外，我以为以陆兄之学养、人缘，也已到了可以独立主持的时候了。（对外理由，亦可说沈某因目疾退出，等等。）

第五和第六点是分析辽宁教育出版社和郝明义的情况。

（7）最后，说说"脉望作坊"。我颇有意成立一"脉望作坊文化咨询有限公司"，用来做上述一切事务之根据地。可以有种种做法：1．个人独资，或几个人（原"脉望"诸君）合资；2．股份合作制，即广泛征集 sponsor［按：捐款者］，例如每股人民币五百元，找五百知名人士；3．辽教出资，为其子公司；4．郝明义暗中出股，实由林丽娟小姐主持。上述做法，亦可综合，究竟如何，我亦不敢定。正在观察、试探。不论如何，我所求者，我个人不要介入过多，做个"名誉"即可。另外，当然要求事业有收益。这方面，我不知陆兄有何打算，特别是有何可以请缨者。

总起来说，陆兄加入鄙人今后之"事业"，所为必俗，不知陆意如何。欲求不俗，眼下可求之途，为即行筹办《万象》。……

自审所云皆为肺腑之言，自然也只供参考。

多年来沈公给我的印象是插科打诨、嬉笑怒骂、没个正经，像这么诚恳的肺腑之言，似乎并不多。这年十月中旬，我陪陆谷孙先生去郑州"三联越秀学术讲座"作演讲，沈公从北京过去会合，在郑州我们深谈了一次，并达成了共识，先着手编《万象》。

可以说，从这时起，我便把自己交给了沈公，正式加入了他的事业。

记不得沈公信里为何说编《万象》事不必再争取辽教，但事实是我们还是与辽教也就是俞晓群先生继续合作。

但是，刊号一时拿不到，在出版社的首肯下，我和沈公筹划先编一个丛刊，我们称之为"杂书"。我草拟了一个设想，沈公做了大量改动。这份修改稿保留下来了。在设想中我写的《万象》风格是"不中不西，不古不今"，老沈改为"亦中亦西，亦古亦今，亦雅亦俗"，在后面又添加了"提倡俗事雅做，俗话雅评"；"所有文章，都讲究文字，力求在随意中有奇趣，在无心中得深意，在平常中见不凡"等几条。在最后写了一段说明强调："雅俗一事，似不可不提，我个人以为，俗还是非常重要的，不然将来没饭吃。这一点，你似乎还不大能同意，而我个人认为简直是这刊物的生命。不能闯破这一关，整个刊物就失败了。"不仅如此，有一封信里沈公还说了他心目中批评类的文字应该是"恶形恶状，狗皮倒灶，神智糊之，贼腔贼调，阴阳怪气，瞎缠三官经"，也就是说，将"屠夫的凶残化为莞尔一笑"。其实这也是典型的沈公文字风格。

一九九七年一月份，《万象》排出了试刊版样，沈公看后

给我的信说:

版式拾页收到。大体格式属于老派或正经之列,我不反对。当然就我个人兴趣言还希望再"调皮"一些,但又很怕流于油滑,两相比较,这样的格调也可以了。但如全按老派做法,则规矩还须谨严。这尤指插图部分。凡图,必须齐版边(指已排在版边者),不要忽有空忽不空。另,图旁之文,与图之相隔亦须相等(如均空一行或一字)。标题,三五字者其间是否"抢空"(四分或对开),亦最好定下规矩。人名如是两字,是否亦"抢空"(全身)。诸如此类,均烦费心。题前的说明文字,很好。只是全排五黑,过于拘谨。可否小有变化。(文亦可有变化,不一定全是五宋。)

书名,尊拟似过俗,而且人们想不到您指的是其中某篇。可否即以须兰文为题,而以尊拟为副题。

补白是否要加,亦请斟酌。我当然倾向于加补白。但可能人们怕补白出问题。因为新闻出版署和中宣部都知道我爱在补白上作文章。那么,既有补白又不"作文章",可乎?

第二集,难在要有海外新作,新见的 retold〔按:

重述],此非请教博学之士不可。此类文有两三篇,就顶住了。

在北京,同沈双谈起可编一集,题:纽约人在北京。不一定全讲北京人如何,纽约如何,只是谈海外人士在国内的感受。曾寄上"千金难买一笑",谅阅,即属此类。其实海外报纸上此类文字不少。

即使每期有一题,是否每册都还要有杂俎式的专栏,特别是短作。我当然希望有,且成一传统的格局。但这又太近杂志。究竟如何,请辽教诸君子酌。

"杂志"式的书,又见一种:《老照片》,"山东画报"版。开本、版式,全照《读书》,实在是"挖空心思"之作。主编汪先生,几年前曾同席,而这书却与我全然无关。不知道是否有人在疑我捣鬼。祝好!

陈乐民夫妇极其关心《万象》,你可常向他们请教。又及。

于此可见,沈公是把我当学徒一样在教导我。当然,图版对齐之类的技术活,是很容易掌握的,但对文章的感觉、对趣味的养成,往往只能意会,无法言传。《万象》在九八年十一月正式出版后,每期的校样都寄给沈公审阅,他都会有些评述,也不时在推荐作者或稿件时会写上几句评点,这些极为难得的品评,是教科书里学不到的。

在寄余国藩文章《乡音已改——自由民教育的比较观》复印件时,沈公附言:"我在《读书》时,最爱用此类文字。既讲学问,又有思想,而且是批判性的思想。学问谈得不涩,批判又那么温和可又切中肯qi(这字忽然不会写了)〔按:应为綮,qing〕。余先生过去曾有一文,也类此,我专门请求他同意,刊在《读书》,原来以为他会拒绝,不料复我一极谦卑的信,大为意外。此公以高傲称,××××的学位,据闻即坏在此人手中。可能×××有湖南人脾气,不习惯此类皮里阳秋。"

推荐杨静远女士:"杨静远是我老同事,当年人民出版社的才女。父杨端六,母袁昌英,义母凌叔华,都是'五四'以后著名教授。她四九年前后在美国读书,听说大陆解放,热心投入革命阵营。因为太爱共产党,常提意见,五七年划为'右派'。她认为我是唯一可在'文革'中交往的共产党,相信我不会整她。(她在'文革'中又写大字报为刘少奇鸣不平,被认为是'现行反革命'。)杨女士想为《万象》写稿,我以为很好,希多联系。"

推荐刘光华先生的文章:"本文作者是刘湛恩之子。刘是沪江大学校长，抗战时为日本特务暗杀。刘光华当然倾向进步，可惜五七年遭难，劳改达十九年。（划'右派'及劳改时，都称《文汇报》干部，你应当知道。）平反后来京，进大百科出版社，后去美国，在《中国新闻社》工作，现退休，居纽约。此稿是通过高骏千主动投来，由此亦可见《万象》名声。我希望刊用此稿，将写信给王之江争取。（信写好后另抄寄。）文中尖锐之处，均有出处，而且不少见于党内权威人士笔下。至于评傅雷，想无不可。评徐老文字，可以略略缓和一些。"

看了二〇〇〇年第二期《万象》校样后，沈公写来一封长信：

第二期校样收到。

这一期很精彩，我很喜欢。满素的文章，虽然已晚了些，但论点很好，而且正是近来几天事实所证明的。戈尔和布什的演说，这里极为赞赏。他们的这种做法，正说明了美国民主的优长之处（只有马克思主义才能击破这种"优长"，即无论驴象，都是资本家的走狗。如是"一言以蔽之"，真是干脆利落，无怪乎近几十年来的三十岁上下的知识分子都要为之入迷）。其余几篇，都属于《万象》的传统风格，能叫座的。我读后只有一点希望:可否隔二三期即有一些与我们的传统风格不同的东西?使人觉得我们并不安于现状,在"骚动",在"发情",在"作嗲"。这种"异",只能在全期的10%以下,然而时时出现。但这种"异"究竟是什么,我也说不清。

有两篇文章,我希望作点删改。提出这意见,实在是因为很喜欢这两文,怕全文被枪毙。

(1)《人有病,天知否》。可否删去文中一些话。详见附上校样。

(2)《花忆前身》。可否删去副题:"回忆张爱玲和胡兰成"。我喜欢胡兰成,但怕忌讳,在题中不去张扬其人。一旦有人告状,我们就说自己实在水平太低,不知胡兰成其人,以后一定加强学习,努力提高水平云云。(顺便说说,我一直认为,文人不必"有行"。文人无行,才好看。且"无行"的文人必有歪才,甚至奇才,把这些人的"才"和"行"都写出来,文章才好看。)

另外,少数译名是港台的,也许是你有意保留,请酌。如:p.145,1.12 李维史陀——列维·斯特劳斯;1.13 班雅明——本雅明。(后一人是吾兄最喜好的作家,译名未改,想必另有想法,请你做主即是。)

另,p.149、1.8,"余爱珍",应为"佘爱珍"。此类错字，书中尚有，三校时必可纠正。但此字怕在三校时漏过，故特一提。我们的胡兰成先辈，晚年居然同这位"白相人嫂嫂"结合——此种奇特，非我辈自小即同这类"白相人嫂嫂"相处者，难以［按：疑为"所能"］想见。我未见过这位佘女士，但十四五岁时，天天伺候这类女士，至今犹能拟想出若辈风貌。说实话，斗大字不识一石的女人，不靠肉体，不靠才貌，就靠一个"敢"字，居然在上海能闯天下，真是难得。（顺便说一故事：我十五岁学徒时，一位师兄同一女顾客起了口角，这位师兄嘴里不干不净，用了个"触"字。这位女士，当场在店堂前躺下，要这店员来"触"。全店十数男子，全部瞠目结舌，不知所对。无奈，由店主赔礼道歉了事。这位女士即属"白相人嫂嫂"流。）

　　这次写得噜苏，而实在要说得无非三两句话。

这封信也抄送给出版社的领导，有些话是要说给他们听的，他却用写给我抄送给他们的形式让他们看到，沈公最喜欢玩这类声东击西的策略，这是他的狡猾处，也是他的可爱处。

　　在沈公去世之后，郑勇委托我和扬之水、王为松拟一副挽联,就是后来在告别仪式大厅外悬挂的那副:"读书无禁区,宽容有情有爱,终圆书商旧梦;知道有师承,溯往无雨无晴,俱是阁楼人语。"用沈公出版的书和他自己著述的书名串起。上联的最后一句,初稿是"难圆书商旧梦",后来给吴彬看,她说改成"终圆书商旧梦",这样比较正面一点。我们觉得非常好。沈公一生轰轰烈烈,创造了那么多辉煌,又享高寿,出版生涯几乎伴随一生,最后潇洒离去几乎没有痛苦,应该是功德圆满了。

二〇二一年十一月二十九日定稿

沈公教我做编辑

潘振平

一九八二年我入职人民出版社时，沈公好像还兼任着资料室负责人。我的师父林言椒是人民社的老人儿，"文革"中与沈公都是逍遥派，闲聊中不时会提到当年的逸事。"沈公"这个称呼，好像就是林公最先叫出来的。因为当时林公主编《中国历史学年鉴》，史学界同人对年长者的尊称即"某公"，如戴逸是"戴公"，金冲及是"金公"，王庆成是"庆公"，苑书义是"苑公"，等等，流风所被，沈昌文也就成了"沈公"。

以后三联恢复独立建制，沈公成了掌门人，不过与我仍无交集，走廊里、楼梯上碰面，点头示意而已。印象深刻的是，三联图书当时极受欢迎，一年一度的劳动人民文化宫的书市上，人民社与三联的摊位比肩而设，三联的摊位前人头攒动，让我们好生羡慕。

到了一九八九年，经中国出版贸易促进会会长许力以先生介绍，人民出版社副总编辑林言椒在深圳举办的图书博览会上，与台湾锦绣出版事业股份有限公司的董事长许钟荣、总经理吕石民谈了一个合作出版项目。锦绣出版公司当时率先与大陆合作，出版了反映祖国山水风光的大型系列画册和中国美术全集，以直销形式在台湾发行，十分成功。此时，他们想依托大陆的学术研究资源，以中华传统文化为内容，包括哲学、历史、地理、文学、艺术、典籍、宗教、民俗、文物、人物、民族、传统观念、典章制度、古迹遗址等等，出版一套"千书文库"。而我们这里从八十年代后期开始，图书内容和形式陈旧、印制方式落后、销售渠道单一的弊病陡显，"出书难"一时成为学术界和出版界需要共同面对的困局，所以也要寻找突破口。双方决定合作出版"中华文库"，以弘扬中华民族优秀文化为宗旨，以现代观点诠释传统文化，将学术资源转化为大众的知识财富。各书兼具学术内涵及可读性，力求做到深入浅出，富有智慧，情趣盎然，雅俗共赏，以繁体字及简体字两种版本行销海内外。

这样一个海峡两岸合作的出版项目放在当时的人民社不太合适，所以经上级领导部门批准，林言椒调任生活·读书·新知三联书店副总经理、副总编辑,我们追随林公,也调到了三联,时间是一九九〇年三月。

到了三联,与沈公的接触自然多了起来。"中华文库"虽然由许力以、林言椒为主编,但沈公为三联掌门人,洽谈协议、安排业务乃至招待宴请均会出席,我得以叨陪末座,也能时时受教。大约看我孺子可教,沈公亦经常带我参加《读书》杂志的聚会,文化名流和学界精英济济一堂,高论迭出。只是我生性愚鲁,不够通达,奉命写作书评一篇,还是中规中矩,不能由此及彼、发明新意,以后也就不敢再试。

沈公的编辑风格(我想称为"腔调"更合适),比如"谈情说爱""挑拨离间"云云,当年的记者采访和他自己的回忆文字中已有不少记录和解释,大俗大雅,市井俗语,随手拈来,亦庄亦谐,皆成道理。吾等功力未逮,自然无法照此拿捏分寸,只能叹服。他的面授机宜,因当年没有记录,只有三点印象深刻。一是"老牛筋",是指那些题材陈旧、观点了无新意、写法刻板教条的历史作品,他多次对我谈起,有点深恶痛绝的样子;二是有趣,我的理解,是指作品提供的知识和史实能让人感到有意思,从而产生联想,启迪思维;三是讲故事,也就是讲究表述的方式。一九九一年五月,我为"中华文库"写过"编辑随笔",其中有如下两段文字:

有趣的信史

"中华文库"的目标,是学术的大众化,由此也就决定了它的特点。

与一般的学术专著相比,"中华文库"强调可读性。书中一般没有周密详尽的考订,艰深难解的术语,以及学术观点的罗列等。引用古籍,一般要做通俗的解释。作者的分析和见解,隐含在平实流畅的叙述中,尽量避免学术论证。

与一般的通俗读物相比,"中华文库"则有较深的学术内涵。书中不只是叙述事情的来龙去脉,人物的生平概括,以及某些知识,而是要让读者在了解状况、掌握知识的同时,获得启迪,并进一步引发联想和思考。

我们把"中华文库"的书稿,称作"有趣的信史"。书中所叙所述,都是征而有信的史实,主题是严肃的;但在结构和写法上,则尽可能富有趣味,生动活泼。希望读者能在一种比较轻松的状态中了解和思考传统文化,既不是茶余饭后随读随忘,也不必正襟危坐挑灯苦读。

讲故事

记得一位前辈有过感叹:作者最好都会讲故事。

这当然不是说要把书都写成文学作品，而是说作者应当有一些说书人的技巧：善于刻画人物，描写情节；分析能入情入理，深入浅出；叙述能娓娓道来，富有情趣，充分展示语言文字的魅力，让读者入迷。

譬如，在讲述一个比较枯燥的学术观点时，是否可以先从一些与此相关的人和事说起，由外及内，依次道来，引导读者一点一点深入进去？

又如，在分析一个比较深奥的道理时，是否可以尽量抛开那些专业名称和术语，而用更为贴近生活的家常话，让读者感到亲切好懂？

再如，在描写人物和事件时，哪个先写，哪个后写，是否可以通盘思考一番，做到头绪清晰，脉络分明？

真希望"中华文库"的作者，个个都是"讲故事"的高手。

这多为沈公点拨的结果，文中提到的"前辈"，就是沈公。

大约在一九九二年，沈公交给我一部书稿，黄仁宇先生的《赫逊河畔谈中国历史》，这也是三联出版"黄仁宇系列作品"的开端。以后沈公利用去美国探亲的机会，亲自拜访了黄先生，并在台湾联经出版事业股份有限公司林载爵先生的帮助下，取得了《中国大历史》《资本主义与二十一世纪》和《万历十五年》等书的简体字版版权。这个系列作品，成为三联经久不衰的畅销书，沈公功不可没。我曾经听沈玉成先生说起为中华书局版《万历十五年》做文字润色之事，才明白该书与黄先生其他作品文字风格不同的缘由。当我把此事告知沈公时，他沉思片刻说："我没觉得黄先生的文字不好读啊。"我想，黄先生的作品，大约符合他对历史著作的某些要求吧。

"中华文库"自一九九〇年开始组织编写，我们在北京、上海、天津、石家庄、武汉、桂林、广州和郑州等地召开了十几次专家学者座谈会，共收到写作提纲六百余份。一九九二年，"文库"在海峡两岸同时出版。十月在成都举办的第五届全国书市上，"中华文库"第一辑十种图书亮相，受到读者关注。十月十二日《文汇报》记者称："学术类著作继续呈滑坡趋势，新品精品在书市上可谓凤毛麟角，较为引人注目的是三联书店出版的'中华文库'。"十月二十四日《解放日报》称："'中华文库'大概是最为读者接受而品位又高的学术著作"，"这些书以现代观点诠释传统文化，给人耳目一新之感"。可惜的是，锦绣出版公司不久之后由于经营压力中止了该项目，三联虽然继续出版，但也压缩了选题，总共出版了近四十种。在此期间，"中华文库"列入国家"八五"重点图书规划，并于一九九四年获"中国图书奖"。

我在许多场合与朋友聊天时提到，编辑这门手艺，其实是非常适合师徒制的。因为编辑工作的经验性非常强，好编辑无法从学校中培养出来，只能在实践中磨炼成长。我很幸运，一九七六年进入黑龙江人民出版社当编辑，即能跟随罗溟先生学艺，他是我学做编辑的第一个师父，教我学会初步的编辑技能，领悟到编辑的价值。一九八二年到人民出版社后，林言椒先生成了我第二个师父，教我具体入微地掌握严格的编辑业务规范，接触史学界丰富的人脉资源。一九九〇年调到三联，沈公成为我半个师父，教我书刊应有的文化价值，以及三联社训"竭诚为读者服务"的本意。如今斯人已逝，余音自当袅袅不绝，愿以此文化为心香一瓣，拜祭前辈遗愿，广大三联之文化精神。

追怀沈公

舒 罕

（读者）

纪念一位出版家最好的方式，自然是多读他费尽心力做出来的书，而不是谬托知己，虚构过往。今天沈公辞世，三联的灵魂人物俱成古人。好在他老人家安详平静而去，于他自身而言无甚苦楚。纵浪大化中，自当不喜亦不惧的。

查看了一下旧年的买书日记。初读沈公的文章是在二〇〇七年，那个时候还没有注意到某一段时间《读书》杂志上头那些代表刊物发声的"主编后记"多是他的手笔。这些文章结集而成的《阁楼人语》也是后来才补买的。

从杂志上一篇一篇零散地读这些"后记"也许还不那么明显，没有什么感觉，然而汇集起来再看，时代的风气就呈现出来。大概就像钱锺书先生的一句话那样，风是来去无形的，不过，总能从麦浪的高低起伏看出风的痕迹。沈公那些写在《读书》上的"后记"，差不多就是一片绿油油的麦田，春去秋回，寒来暑往，映射出风的模样。

回到二〇〇七年，彼时是我买沈公著作之始。那年他的文章被汇集为两册收入上海书店独步书林的"小精装本系列"。他的文字也许并不能以专业作者来衡量，然而到他那个位置，写与不写或是写什么怎么写，其实都不那么重要：

十月一日　　买书数种：上海书店"小精装本系列"四种：傅月庵《生涯一蠹鱼》、沈昌文《最后的晚餐》、葛兆光《无风周行》、李文俊《天凉好个秋》。天津古籍版"名师讲义"三种：《浦江清中国文学史讲义》《闻一多诗经讲义》《黄节诗学诗律讲义》。

十月十三日　　又得沈昌文《书商的旧梦》、张宗子《书时光》一种、赵毅衡《对岸的诱惑》三种，尤以后者最能有举重若轻之态。

真正发现沈昌文先生是个有趣的老头儿是在读完扬之水三大本《〈读书〉十年》日记之后了。他的好吃、好玩儿、好组稿、好练气功真是独步天下，只见沈先生带领一众人马四处吃喝，扬之水又尤其爱记菜名和花销，真有点叫人吃惊——哪儿来的这么些经费？

沈先生一贯述而不作，无为而治。退休之后反倒是出了好几本书，把自己大半生的经历说了个清楚明白。他的文字好处便在这里，好比当年迅翁形容刘半农一样，浅是浅，然而清澈。水草游鱼细石沙砾，都能直视无碍。沈先生毫不讳言自家学历低、文化浅，反而把这当成优势：没有门户，恰好便没有了门户之见；兼收并蓄，什么东西都往里装，正好成就他的格局与眼光。

他主持《读书》杂志那些年，文字是最好看，并不囿限于自我感觉良好的晦涩学术里。他在上海书店出了两本小精装之后，只听书名似乎有盖棺论定的意思。其实不然。后来辽教社的俞晓群先生进京入主海豚出版社，沈先生作为幕后教父自然也在海豚出书了。先是自传《也无风雨也无晴》，宝蓝色绒布面精装大册，印得蛮讲究。虽然会嫌有些地方太粗线条，然而估计也只能这样操作。

紧跟着又是两本《师承集》，全彩影印名家信札。其中涉及实务多，干货足，毫无整理编校，当然原汁原味。而且这有好处，因为有些话大约是不便弄成印刷体也不能弄成印刷体吧。尤其是和三联书店范用先生简繁两种《存牍辑览》相较读,各有高下,各成风景。

最末的一种是二〇一九年岁末买到的他老人家的米寿纪念文集《八八沈公》。封面上的沈公正襟而笑,有些狡黠、有些得意、有些慈祥。以前,黄永玉老头儿照过类似的时装照,好像还上过杂志封面。如今沈公正装照出,可以不让他专美于前了。

除掉书衣,大红色布面精装喜庆吉祥,这样的传统自然很好。这本书的扉页除了请沈公签了上款之外,还请他题了两句话:"三更有梦书当枕,千里怀人月在峰。"这是琦君怀念老师夏承焘先生文章里的句子,我很喜欢其中境界。近有书册相温,远有良人堪怀,于是乱叠之书幻作青山,夜读之灯恰似相思。青青子衿,悠悠我心。但为君故,沉吟至今耳。

要评说沈公,自然离不开他的出版事业。而论他的出版事业,主角自然是三联。倒并不是说他退休以后的辽教和海豚两个时期不重要,而是若站在推动历史的潮头浪尖上来看,三联书店所引领的八九十年代是必将载入史册的。

和他的前辈范用先生来比较,沈公不如范公雷厉风行、疾恶如仇,他是绵里藏针、软刀子进出。故而范公在明面上保全名节而底子里是吃亏而退;而沈公辄有韧劲儿,时不时以退为进保存实力伺机而出,或者说以退一步而求进两步,纵是小胜亦是大胜。

二〇二一年一月十日

杯酒中受教　笑谈间选题
——悼念沈昌文先生

卫建民

(出版人)

一九八三年暑期，我参加了在商务印书馆小礼堂举办的出版业务学习班。在授课的十几位老师中，除了语言学家张志公和沈昌文先生是即席讲演外，其他授课老师都备有讲稿，有的就是当堂念讲稿。我坐在前排，清清楚楚看着沈先生讲课，并记住了他对我们这些刚入行的青年编辑的告诫："当编辑，要以文会友，要多读书，自己也写点东西。这样，你跟约稿对象才有话可说；人家也才愿意和你说话。"

接着，他自己先在台上笑起来："有些单位的女编辑去向老先生约稿，抓住人家的袖子不放，说，某某老啊，您要给我写篇稿啊，要不我完不成任务啊。这样子约稿，效果是不好的。"台下一片笑声。沈先生讲课的题目，就叫"编辑经验介绍"。自从三十多年前在尊前取经，亲聆这位前辈的经验，我就按他提醒的要点在本行干了一辈子，从没见异思迁。

中华人民共和国成立后，沈先生就在出版界工作，多少年都在跑龙套、当配角，熟悉出版业的各个环节。到他挑起大梁，主持生活·读书·新知三联书店、担任《读书》杂志主编时，从年龄说已属老年，但他仍不减热情和锐气，仍在兴致勃勃地策划选题、联系作者、拓展出版品种。他任期内的《读书》杂志，受到知识分子的喜欢，为出版界创立了一个唯一的、不可取代的文化品牌。他这位总经理和主编，却一直没有像样的办公室。读者只看到三联的出品高雅，却不了解这些文化产品的生产者是在多么简陋、逼仄的场所中工作。

在三联书店的艰难时期，我去看望他，发现他和董秀玉两位社领导同在一间地下室面对面办公。读者看他在每期《读书》后写的"编后絮语"，以为他的生活里一定是充满阳光，永无忧愁，哪里会知道他是在没有窗户、不见太阳的地下室为读者谱写欢乐的歌呢！傅雷在谈到莫扎特时说："他自己得不到抚慰，却永远在抚慰别人。但最可欣幸的是在现实生活中得不到的幸福，他能在精神上创造出来，甚至可以说他先天就获得了这幸福，所以他反复不已地传达给我们。"工作中的沈先生，就具备莫扎特的高贵品质。

沈先生老说他"好吃",出版、文化界的朋友也以为他"好吃"。所以,他经常招揽或参加一些饭局,总是乐乐呵呵。在餐桌上,饮几杯啤酒、红酒,他就滔滔不绝,灵感闪烁。我后来才察觉,吃小馆,是他的工作方式,并不是美食家的吃,为了解馋的吃。他跟我说过他请客的标准,三五个朋友,每人不超过五十元。他认为选择在饭馆和朋友、同行聚会,在一饮一酌间交流思想,相互碰撞,工作效率更高,甚至会激发出更精彩的选题,发现更重要的作者。我陪他吃饭,就学到不少编辑诀窍。比起会议室这类正规严肃的场所,小饭馆的聚餐,堪称"沈昌文工作法"。现在想来,我不知和他在一起吃过多少次饭,但因为吃的档次不高,很少能记得吃过什么好东西。十几年前,我经常在钓鱼台开会和举办活动,为了报答他对我工作的支持和对我个人的好,我请他在钓鱼台吃了一次,他说这让他印象深刻。

退休后,他曾自做一个通信地址,打印后贴在作为商品出售的白色普通信封上,连公家的信纸信封都不用。我收到他这样一封信,隐隐感到他刚退下来的心情。从新地址可知,单位在后院留给他一间房,使他有个暂时歇息的地方。但他这样的人,怎么能接受再没工作可做的现实?有个古老的谚语说:"田夫可坐杀。"意思是,你要惩罚一个勤劳的农夫,就让他什么也不要干。沈先生这一代出版人，受传统教育的影响很深，何况又是和陈原等毫无鄙吝之心、高尚纯粹的前辈在一起共事，根本不会想给自己留什么后路。

其间，在给我的一封信里，他写道："我要印《源氏物语》，先是无法同林联络，以后知道地址了，写信去却至今未复。但无论如何，我还是很爱读林译林作。日前赴新加坡、香港小游（个人旅行，没有任务），努力找寻林作，颇有收获，日来正在消化之中。至于印林译成不成，只在缘分。我已没有事业可为，凡事随缘而已。"他对书籍、出版有非凡的敏感，往往靠直觉就能迅疾判断某本书的品质和市场需求。稍后几年，林文月的散文在大陆几家出版社出版，受到读者欢迎。这封信，是他从报纸读到我评林文月教授一本散文集后写给我的，一个已退出现役的出版家的精神状态，于此可见一斑。他老而弥坚的"闲不住"精神，受到不少青年人的追捧，有几位热心文化事业的青年，请他再度出山，高挂起帅旗和他们一起编杂志、编丛书，他又忙活了许多年，继续为文化的积累和传播做贡献。

庚子年末，疫情未散，沈先生以九十岁高龄，在北京的凌晨时刻，于睡梦中辞世了。一月十日，太阳刚刚升起，这个没有显赫头衔的老人，悄悄辞世的消息，从四面八方发出来，以光速在网络传播……

二〇二一年一月二十八日

附：沈昌文先生，你在哪儿啊——编书人的《阁楼人语》

今年三月，我收到沈昌文先生寄赠的《阁楼人语》，先翻阅一遍，蜻蜓点水，欣赏了一番书的装帧设计；然后就放在书包里，或带到办公室，或带回家，总想静下心来从头到尾读一遍。如此，对热心的沈公才有个交代。无奈，我这几年忙忙碌碌，心浮气躁，不但不会写文章，竟然连书也不会读了。

上个星期天，半夜起床，泡了一壶陕南的紫阳绿茶，心境又"回到从前"；四周出奇地静。《阁楼人语》就在手上，我从头读起，读到天亮，伴沈公走过十二年。沈公一辈子为人作嫁，不知编过多少书；如今，编书人也出了自己的书，究竟是啥滋味？放下书，真是"浮想联翩"啊！又取出董桥先生在八十年代主编的《明报月刊》，对两位编者的"絮语"做了一番比较研究。

《读书》杂志从创刊到今天，与中国的改革开放同步。借用鲁迅先生作品名目，它经历了"呐喊""彷徨"

到"拿来主义""朝花夕拾"几个阶段。

创刊之初,几位可敬可爱的出版界前辈为杂志出谋划策,提倡人人读书的风气,着眼于提高全民族的文化素质。杂志出世,就沿着大众化的方向,在"为中华崛起而读书"的八十年代前期扮演了开路先锋的角色。一声"读书无禁区",撬动极左思潮的坚冰,言犹在耳。

市场经济初露端倪后,"民生"问题的现实紧迫性盖过了"民智"的开启。《读书》杂志与国同忧,在社会转型期"彷徨"徘徊,把知识分子阵营里的声音及时播放出来,成为中国知识分子在阵痛期的精神家园。《读书》自身也摇曳不定,在风中闪烁。但她像茫茫大海上的灯塔,总有星星点点不灭的光亮,哪怕在远处。有一年,我在老家的洪洞一中,校长对我说,他们有一位物理老师,"什么也不读,就读《读书》"。我心头一震:一册在阁楼里编的杂志,抚慰了天下多少读书人啊!在广大的中国基层,在闭塞的边远地区,一位收入菲薄的中学教师手捧《读书》,慨然忘忧,是把小小的杂志当作精神支柱啊!当心情最苦闷、无处诉说时,何以解忧?唯有《读书》。契诃夫《带阁楼的房子》里,几位俄国知识分子的苦闷彷徨,也延续到了《读书》和《阁楼人语》。

在沈昌文先生主持《读书》的十二年里，业中明眼人发现，杂志逐渐形成了自己的风格。用我现在熟悉的语言表述，《读书》在创名牌的过程中具备了核心竞争力。它定位为"以书为中心的思想评论刊物"，具有"不可取代性，不可模仿性"的强大优势。当环境宽松时，"思想评论"就激烈尖锐；当"有一阵风吹过"时，它就用趣味性"插科打诨"（沈昌文语），用博学老前辈的"朝花夕拾"小心过渡。编者沉着冷静，进退有据，从容驾驭一本杂志的生与死、快与慢。《读书》的作者群，既有主张"拿来主义"的留学新锐，又有"整理国故"的饱学先生。一个时期，它兼容并包，很有蔡元培先生主持老北大的风范。

——这一切，你如果想知道，就读《阁楼人语》吧！

编后语是一种散文体。从著名的"志摩的欣赏"到现代出版业的一系列报刊，主编在一期编定后给读者交代几句话，使编读之间产生互动，搭起沟通的桥梁。这种文体是一座完美建筑上的装饰，不是"多余的话"。当代有些刊物，主编也自称"作家"，常把编后语当成展销自己"作品"的地盘，并自觉担当"指导作者"的重任，那就误解这一文体了。

沈先生是个敬业爱岗的出版人,有少见的热情。你读他写的"编后絮语",分明感到,他被《读书》的读者、作者感动了;他沉浸在编与读的氛围里,有时也被自己的工作感动了。他尊重作者,又会调侃自己,像一位招呼四方来客的伙计,不停地甩动手中的白毛巾;又像店堂里的账房先生,花镜溜下鼻梁,拨拉算珠,为"收益"一喜,为纸张、印费的上涨一惊。用党报表扬模范人物的术语表达,沈先生真是"一心扑在工作上",在工作中享受人生的快乐,在编后语里把快乐告诉读者。

《读书》在鼎盛期,它的编辑人员连胡司令"老子的队伍才开张"都不如,只有几位温文尔雅的女将加"小丁"(政府的编制部门,大可把它作为个案,研究研究)。读罢《阁楼人语》,我连带想起这个问题,思考新闻、出版、文学、艺术的生产规律。徐铸成在五十年代奉命恢复《文汇报》时,提到"班底"这个词;返沪之初,即搭好报纸的班底。"班底"是戏剧界的老话儿吧?说到戏剧界,又想起京剧艺术家于魁智的一句话。他说,他找李胜素,就是要找一个和自己"能对上心气儿"的搭档。"班底""对上心气儿",既不是"人才战略",也不是"条例准则",但却道出《读书》编辑部的秘密。

熟悉沈先生的人都知道,他并不像个"领导"。他在主编任上多年,连个像样的办公室都没有;有几年,甚至在一栋宿舍楼的地下室办公,即使是这样的办公条件,他还是与董秀玉同志对坐——此景为我亲见。沈先生的工作方法,是把自己的主见藏在不经意的谈笑间,用广交朋友的方式开拓稿源,让每个编辑都积极主动联系一批作者;编辑个人的爱好、风格撑起了栏目的风格。编辑在与高尚、博雅的作者打交道时,也提升了自身的精神境界。编辑部里的融洽无间,长期磨合的"班底",也是一道远去的风景。

二十多年前,我刚进入出版界,在出版局主办的一次业务学习讲座上,初识沈先生。盛夏,商务印书馆破旧的小礼堂,沈先生穿着短衫,眉飞色舞。他个子矮,坐在台上讲话太激动,身子像安了弹簧似的在晃动。那是八十年代啊!我们听众也带着激情在听课,虽然没有什么"研究生班"的凭据。

同在一座城市,我却好几年都没见到沈先生了。他自许"爱吃",我一次也没请他吃过,反而吃过他几次。夜里翻他几年间给我的几封信——大都是寄给我一些剪报，告诉我一些作者，支持我曾经做过的工作。他的热心，留给我长久的愧疚。

　　沈先生，你在哪儿啊？

（原载于《文汇读书周报》二〇〇四年七月二十七日）

沈公的笑脸

陈彩虹

(金融工作者)

二〇二一年一月十日清晨,三联书店原总经理、《读书》杂志原主编沈昌文先生辞世,享年九十岁。看到消息的瞬间,这位被熟知者尊称为"沈公"的沈昌文先生的笑脸,骤然在我的眼前浮现。那是一张朝气十足、充满乐观,还带有几分顽皮表情的笑脸。

认知一个人,通常说来,无非是见过面,有话语交流,或一起做过事。

我和沈公,一九九四年就认识,当然见过面,但次数很少。仔细算下来,不过三五回,且都是在《读书》杂志每年定期的"集会"上。那些被称为《读书》作者和读者"服务日"的"集会",虽说不上人山人海,但次次都是摩肩接踵,配得上一种"文化现象"的说法。我想,来到会议现场的人,应当都是沈公的"旧雨新知",他仅是每位招呼一下,就得费去一大把的工夫。沈公是长辈,我自知属"新知"范围,非常清楚他有好多的"旧雨",要在会间絮叨。我自是自觉地退避三舍,尽量少地占用先生的时间。每回面对面相视和握手的时光,自然只能以分秒来计量。这些见面加总起来,二十分钟是不是有,坦率地讲,我把握不大。

和沈公当然也有过话语交流,都是出现在"集会"上。大致估计起来,说话的总量不会超过三四十个句子,而且都是短句。我仔细想了想,去掉初次交流时的简单自我介绍,以及寒暄、道别的"序"和"跋",究竟还有没有算得上有点思想、有点文化,或者简单说有点内容的对话?不无遗憾,好像是一句也没有,这我可以绝对大概其地肯定。要说起来,人是种很奇怪的社会动物。《读书》安排的作者和读者服务活动,按道理讲,一定是"文化交流"。我多次参加才发现,在这样的"集会"上,大家主要是"情感交流",话语的内容是什么,不是说没有多么重要,而是说涉及"文化啊""思想啊"的不多。就我的感受,这时最重要的,就是见面了、还"说上话"了。这样一说,我和沈公的话语来往,也就是那些客套、寒暄和道别的话,看来是最有价值的,怪不得至今还有些印象。

我和沈公一起做过事吗？严格地讲，没有做过。要是不严格地讲呢？

一九九三年底，我在韩国汉城（现在叫"首尔"）工作一年后，调回北京。当时中国的股市大起大落，与中国经济的强劲持续高增长，很不相配。但中国的股书市场，火爆异常，各种"一夜暴富"的投资或投机技巧之作，挤满了大大小小的书店。有感而发，我在一九九四年初，写了篇《给点大智慧》的文章，痛斥那些书中的"雕虫小技"，呼吁思想界、学术界贡献点市场的"大智慧"。文章投给了《读书》杂志。那是我人生中第一次给这份中国思想文化的重镇投稿。

令我有些惊讶，记得不过一周时间，我就收到了沈公的短笺。沈公对文章高度肯定，不仅亲自审阅、编辑、回复我，还在文尾建议加几句话，以"股书"为例，引申批判整个中国图书出版界类似扭曲的现象。那也是我人生中第一次，在投稿如此短的时间里，收到一家杂志主编的亲笔信。更令人称奇的是，文章很快在《读书》一九九四年的第五期发出，竟然是"头版头条"的首篇。对于一个热爱思考，钟情思想还对文字无以复加地喜欢的年轻人而言，那是一种何等量级的愉悦，真的无以言表。当收到样刊之时，我还有点不敢相信。

第一次见到沈公，是一九九四年那篇文章发表后，参加在北京西四一家"西饼店"《读书》作者和读者"服务日"活动之时。记忆中，那次是我和沈公面对面交流时间最长的一回，印象也是最深的。

当时我显然有点小激动。我们握手时，好多秒的时间，我应当都没有说话。我记得自己用"沈主编"称呼他，极尽谦逊地表达谢意和敬意。他满面笑容，笑得很有些特别。他话语简练，非常亲切。他较仔细地打量了我好一会儿，又别有意味地笑了。我知道，他也是第一次见我，我那严重女性化的名字——"陈彩虹"，让他有了几分困惑，因为他判断那篇文章的风格不像是出自"女性作者"之手。当他挑明了这一点时，我们都开心地乐了。

那次见面，对于我而言，是具有人生历史性意义的。沈公热情地邀我多给《读书》杂志写文章，还向我介绍了文章的责任编辑，后来担任《读书》杂志执行主编的贾宝兰女士。由此缘起，我和《读书》及三联书店的交往，一直延续至今。从一九九四年开始，我先后在《读书》杂志发表了十多篇文章，并有《"经济人"的理性》《钱说：货币金融学漫话》等四本文集或著作在三联书店出版。

至于那篇谈论股市和股书《给点大智慧》的文章,惊动了经济学界的大家吴敬琏老师,他专门撰文《何处寻求大智慧》,扩展并引导对此问题讨论的深化。动静更大的是,文章引动了全社会"寻求股市大智慧"较长时间的热烈讨论;一些媒体、研讨会、交流平台频频向我发出采访、写文章、做演讲等的邀请;"大智慧"一词,甚至于被做成了股市投资的软件、公司名称等。就那么几千个汉字的文章,会有这么大的影响,真的出乎我的意料。我不好热闹,谢绝了几乎所有关联"大智慧"的邀约,但由此而对沈公的识文之术,对《读书》杂志的开放气度,更加敬佩。

一九九四年的那次见面,应当说,沈公的笑脸就在我的脑海深处扎下了根。只不过,在一段时间里,我一直将那次他的笑容,看成是由我"名不副实"的男性女名偶尔带来的。后来几次的见面,沈公的笑脸居然如此"雷同",我也就不再固执己见。先生之笑,原来就是这样地本原、本真和自然,一以贯之,不曾为外部环境、他人或他事的不同而有多么大的改变。

写到这里,我脑子里突然冒出一句或许有点哲理的话,"不变的笑脸,面对千变万化的世界,需要强大又淡定的内心"。我不知道,这话能不能用来评说沈公,但这话就是这么不由自主地到来了。

北京西四"西饼店"的第一次握手,后续还有点余韵。记得在一九九四年某期《读书》"编后絮语"中,沈公提到了"三四十岁样子"的我。我知道,那时他的眼光,就在看未来,在看十年、二十年或更长时间后的《读书》,会有些什么样的作者在上面行文走字。我无法不惊叹沈公面向未来的视野,更无法不敬重他对未来负责的精神。如果没有记错,沈公在一九九五年底,便告老腾地,将《读书》杂志和三联书店,一起交予了年轻一代。联想到沈公的那张笑脸,笑意中,应当有一份,就是属于看未来的乐观吧。

从职业的角度讲,图书出版是"精神文明"和"商业文明"交叉的行业,沈公是个需要去"两手抓"的人物。俗气点讲,先生可以归类为"文化的买卖人"。我不清楚,这类职业人的最高境界,应当如何来界定。大致讲来,是不是这样,文化知识要一点,商人思维要一点——有时讲讲情怀,阳春白雪,精神层面高大又高尚;有时讲讲利益,下里巴人,成本利润计算还计较。在这方面,我并不足够地了解沈公,没有发言权。

但从他的笑脸里,我能够解读出某些东西来。

沈公的笑脸，真的很特别。友人从他的笑容里，应当可以感受到真诚；商人从他的笑容里，应当可以感受到距离。毋庸讳言，人类社会在任何时代，都是个竞技场。我不知道，沈公在竞技中，有没有直接的对手。如果有，对手在他的笑容里，感受到的，应当是种无形的压力。

二〇二一年一月十一日　星期一动笔于长沙星电花园
二〇二一年一月十三日　星期三修改定稿于长沙星电花园

跟沈公吃本帮菜

陈晓卿

(影视工作者)

很多年前,东单北大街有个"雪苑酒楼",两层,做上海风味,就在大华电影院旁边。不过,已经这么多年,估计早不在了。

我去过几次雪苑酒楼。头一回是二十多年前,带我去的人叫沈昌文。当时,他已经从三联书店的领导岗位上退休,在帮着一本叫《万象》的杂志组稿。"我做《万象》是没有报酬的,"沈公开玩笑地说,"但我唯一的要求是,吃饭的发票要给我报销。"或许就因为这个原因,我才有可能跟着他打秋风,才可能知道这家上海菜馆。在餐厅坐下,沈公先考我一个问题,让我说说最能代表上海本帮菜特色的三道菜是什么?那时候,我不过是一个馋嘴的年轻人,别说这"三个代表"了,就是"本帮菜"这三个字,都是此前不久,沈老师给我普及的。

一

二十世纪末,因为制作历史题材纪录片,我采访了一批文化老人——他们见证了中国几十年的变化,像黄苗子、郁风夫妇,杨宪益、戴乃迭伉俪,爱泼斯坦,丁聪,等等。这些人在抗战时期就过从甚密,新时期后也经常茶聚,相谈甚欢。席间,有两个人经常出现:一位是《北京晚报》记者、作家李辉——他是我们纪录片的策划人;另一位就是沈昌文先生。

记得有一次,摄制组请嘉宾吃饭表达感谢,地点选在什刹海文渊阁。那里好像是文联的属地,口味中规中矩,没有惊喜。不过,老先生们倒是安之若素,毕竟他们更多的是为了彼此相见。所有人中间,只有沈老师对饭菜颇有微词。每上一道,他都会从食材、味道等不同方面评点一番,而且说得都很有道理。这让恰好邻座的我,听得津津有味。"这地方吃的是排场,"沈先生摇摇头,"真正好吃的餐厅要有自己的特点。"他边说边从书包里掏出一个浅灰色的电子产品,香烟盒大小。这个叫"商务通"的东西,今天已经难以见到,它实际上就是一个电子通讯录或者记事本。沈先生这个小本本很有"个性",上面不是"人名+电话",取而代之,记录的是北京的餐厅——不仅有地址、电话、联系人,还有哪些菜必点,哪些菜需要叮嘱厨师注意什么。在互联网没有普及的当年,沈公的商务通就是大家的餐厅指南。

看到这么有趣的玩意儿,我甚至忘记了当天吃饭的主题,赶紧和沈老师互留了联系方式,并且觍着脸央求,下次去那种"特色餐厅",能否带上我?沈老师人非常"奈斯"(nice,意为友好),一点没犹豫就答应了,于是才会有后面的聚餐。

二

吃雪苑酒楼之前,已经跟沈公蹭吃过几次,大都在二环以内,如果不是他,我真不知道老城区居然有这么多有趣之处。沈公挑选餐厅,不要名气,不要场面,不要潮流,只注重味道。因为青少年时代生活在上海,所以,东单这家上海菜馆是他经常光顾的,服务员、厨师和他都很熟络。

"三个代表都要的吧?"经理笑着亲自过来点菜。这时我才明白,能够代表本帮菜烹饪水准的三个菜分别是:油爆河虾、虾子大乌参和扣三丝。先上的是油爆河虾,沈公说这是一道火候菜,讲究旺火翻炒,在十几秒内完成烹饪,河虾外焦里嫩壳肉分离,卤汁明亮不溢。接着是虾子大乌参,沈公又解释说,大乌参很难入味,这道菜最考量厨师合味的功底。最后上的是扣三丝,沈公照例现场解说,这道菜平时吃不到,需要提前订,因为它需要厨师工作四五个小时,完全是靠刀工和蒸汽。揭开扣在盘中的小碗,确实让人大吃一惊:鸡丝、笋丝和火腿丝相互拥抱着,贴伏在盘子内,汤色清亮,菜却非常鲜。

和沈公吃饭,每次都是这样,不仅能品尝到美味的菜肴,还能听到沈公深入浅出的讲解。刀工、火候、合味,这不就是中餐最基础的工艺单元吗?其实,还有比这些烹饪知识更重要的,就是沈公对待食物的态度。如果说影响我走上美食道路的人,确实有很多,但沈昌文先生肯定是重要的一位。

三

余生也晚,听到"美食"这个词,应该是二十世纪八十年代后期了。即便是九十年代,在公共场合说一个人"好吃",仍然不是褒义。追求美食,更是件难以启齿的事情。二〇〇一年底,我开始筹划美食节目,沈公得知,在饭桌上对我说:喜欢吃,是一件美好的事情。只要是和人类本能相关的事情,都不应该是羞耻的。

这句话,沈公在很多场合说过。又过了一些年,在另一个饭局上,他再次说了这段话,让我印象更加深刻。

那次接到沈公电话,问我能不能组一个饭局,他非常想结识当时一位广州来京的女作家。这位作家曾经在南方一家报纸开设专栏,用亲身经历写了很多文字,一时成为话题。喜欢的人认为她真诚,向往自由。当然也有反对意见,认为有些离经叛道。我和这位作家不过几面之缘,并没有熟悉到随时约饭的程度,怕太突兀,于是委托朋友组了局。首座当然是沈公,陪同的有老六、和菜头,还有谁不记得了,十来个人吧。女作家早早就到了,她并不像字里行间那么桀骜不驯,甚至有些羞赧,基本不怎么说话。沈公很有长者风度,先明确表达了对年轻作家文字的喜爱。"有你专栏的报纸一到,我就会第一时间用复印机拷贝下来送给朋友,最多的时候复印二十几份。"沈公说。接着,他又重复了前面的那句话:只要是和人类本能相关的事情,都不应该是羞耻的。女作家含笑算是作答,也不接话茬,只埋头吃。所以,这顿饭整体气氛,是稍微有些尴尬的。饭局结束的时候,大家起身准备各自回家。我也长舒一口气,觉得总算完成了任务。这时却听见沈公再次请大家坐下,他说还有一句话,如鲠在喉,不吐不快。沈公年少时,做学徒的银楼,曾经是江北新四军的秘密交通站。在那里,他第一次接触到地下党和相关的理论书籍。"一九四七年底，有一位同志想介绍我加入组织，当时他跟我描绘说，将来解放了，我们都可以更加自由地选择爱情，"沈公喊着作家的笔名道，"我想，他说的应该就是，要过你这样的生活。"

平日里，沈公给大家留下的印象是，"老江湖"，幽默、洒脱、精明，对不想谈及的话题，他大多闪烁其词。像这次这么诚恳，甚至动情的形象，非常之少。这顿饭之后不久，我因为工作调动，饭局骤减，居然没能再和沈公共食对饮，是为遗憾。

不过，沈公的言行还在影响着我。做美食纪录片期间，有个故事讲到传承。导演陈磊的父亲是上海厨师，他希望在本帮菜中寻找故事，我便复述了沈公当年的故事。结果，他通过调研寻找到了本帮菜大师李伯荣一家，并最终聚焦在扣三丝和油爆河虾两道菜上。创作团队用武侠风格的影像，再现了中华料理刀工、火候的绝妙。想必很多人至今记忆犹新，我看到素材时，第一反应就是沈公和雪苑酒楼。

这时候我的工作已经非常繁忙，虽然托老六（沈公晚年他们依然有交往）送给沈公一套《舌尖2》的影碟，但也忘记问询先生看了没有。

四

一个月前，沈公在睡梦中安然离世。我看到了很多回忆文章，更多是怀念他创办《读书》时期和三联书店发展阶段，在出版业务方面的贡献。我认识沈公时他已退休，我不过是他无数饭友中很不重要的一个，见到的也都是他职业之外的另一面。但我依然被他的个人魅力征服，潜意识里，一直在默默地向沈老师看齐，更希望有朝一日，能成为他那样谦和、达观的人。

比如我曾经在自己的非智能手机里，用屈指可数的数字键，顽强键入有关餐厅的备忘录。最多的时候，存到了四五千条（可惜后来有次为了吃黄河鲤鱼，手机掉进了黄河）。再比如开始写与美食相关的文字，自得其乐。再比如也和沈公一样，隔三岔五地组织朋友吃饭，并且乐此不疲……当然，还有他在餐桌上说的那些话，听似随意，但却是一个世纪老人，阅尽沧桑之后的洞见。它让我在面对自己的纪录片时，收获自信，反复受益，也将继续烛照我们的前路。

写下这些文字，当作我的纪念。

二〇二一年二月

悼念沈昌文先生

丁 东

（学人）

得知沈昌文先生今早上去世，享年九十岁，我很难过。

沈先生比我年长二十岁，我称他沈公。

我认识沈公约在一九九四年，引见者是好友谢泳。当时，谢泳在山西，研究西南联大，在《读书》上发表了相关文章。他来北京拜访沈公，约我同去。我们一起来到美术馆东侧的三联书店，沈公请我们边喝咖啡边聊天。当时，《读书》在知识界的影响如日中天，身为主编的沈公没有一点架子，诚恳地问我关注什么问题，让我很愿意和他交往。

我当时刚从山西到北京流浪不久。邵燕祥看了我写的东西，说文章不错，可惜发在地方刊物上，没有影响。我意识到，文章该争取在全国有影响的报刊发表。《读书》被沈公定位为"知识分子的高级休闲刊物",实际上是当时全国首屈一指的思想平台。一九九五年春,我写了一篇《当代思想史上的一个缺环》投稿,《读书》很快发表出来。在此前后还与谢泳合作两篇文章,在《东方》发表。同时,给萧夏林主持的《中华读书报》家园版写了几篇短文,果然生出些影响。

可惜的是,我在《读书》露面不久,沈公就因年龄卸任。以后,《读书》作者队伍几乎重新洗牌,风格为之一变,但我和沈公的交往却没有中止。沈公的小饭局,多次邀我参加。过去常说革命不是请客吃饭。沈公说,编辑就是要请客吃饭。吃饭聊天,可以碰出思想火花,聊出好的选题。外地一家出版社请退休的沈公帮助策划组稿。沈公说,不要薪酬,报销一些工作餐费即可。沈公选择的餐馆,多是三联书店附近的小餐馆,价格不高。

不久,那家外地出版社因出版杨步伟的书,著作权处理不慎,遇到麻烦。另一方是中国文联出版社。沈公问我是否与文联出版社领导相识。正好文联出版社负责人缪力和我是中学同学,曾在一个村插队。我从中沟通,文联出版社同意以友好的方式解决版权纠纷。沈公协调成功,也很高兴。我和缪力说,沈公是国内有名的出版家,你不妨和他认识一下,请他介绍些出版经验。不几日,我和沈公、缪力约好餐叙。沈公为感谢文联出版社的友好,席间向缪力道出了真经。他指着三联书店的新楼说,我为跑这个项目,下了不少功夫。后来还是因为韬奋先生的儿子当了副总理,这个项目才批下来。现在,我进去喝一杯咖啡,也得照样付钱。所以,当出版社的老总,关键是要在任上出几本传得下去的好书,结识一批优秀的作者。

后来,我曾向沈公建议:您执掌三联,编辑《读书》的经历,最好写一点文章,不要让宝贵经验失传。可能别人也向沈公提过同样的建议。他在二〇〇〇年写了一篇文章,题为"出于无能",讲述了他参与《读书》的来龙去脉。文章的笔调多有自嘲。他的经验之谈,对我编辑生涯启发很大。

沈公给我的启发之一,是广交朋友。沈公的朋友圈几乎囊括了京城的知识精英,外地甚至海外的才子,也联系甚广。谁的文章写得好,就找机会和他相识。这样,不论办杂志,还是办出版社,优质稿源就不发愁了。

启发之二,是编辑要放低身段。沈公本来是有能力有地位的人,却自称无能,吴彬发挥为"无我—无为—无能",这恰恰是《读书》在他们手中走向辉煌的奥秘。一些学者,自己有一套,又特别自以为是,办杂志就做不到海纳百川了。

启发之三，是沈公的多谋。他说，许多问题看来很冷，你可以去把它们烧热，热到大家都来关注的时候，赶紧抽身，从中可品味出当代出版家的酸甜苦辣。

沈公千古！

二〇二一年一月十日

沈昌文先生的最后一天

胡洪侠

(出版人)

二〇二一年一月十日,是沈公昌文先生在此世间的最后一天。他平生喜欢做的那些事,比如组稿编书、呼朋唤友、召集饭局、逛店买书之类,这天他一件也没做。他只从从容容地做了一件事——黎明时刻,沉陷梦中,不愿再醒,一言不发,走了。

他开启了他自己的最后一天,却只是开了个头,给我们留下了多少惊诧、多少慌乱、多少悲伤、多少怀念。在他的这最后一天,只有他的黑甜乡是完整的,而天亮后的一切都是破碎的。

我在这里随手记下二〇二一年一月十日我的所见所闻所写,然后集碎片而成一篇特殊的"非日记"。将来我那本《非日记》万一有重印之日,我要把这篇附在书中序言的后面,因为那篇序言,是沈公给我写的。

一

　　凌晨三点多才一头睡倒。十点醒来时见北京冠生大哥九时许发来微信："沈公昌文先生方才辞世往生（在家中无疾而终）。"乃大惊，不敢信，又不能不信。张冠生不是道听途说、以讹传讹之辈，出自他口中的消息几无求证之必要。可是搜索网络，却并无消息。遂微信俞晓群："大哥，需要我帮什么忙？什么时间正式公布？"他回："刚才知道中国出版集团在安排。"又微信郑勇，他回："早晨接到沈懿消息，沈公夜间平静辞世。昨天尚在商量入住医院事，不料走得如此突然。今天三联在和沈懿商量后事。余情待续告。"

　　至此方渐渐相信，沈公真的走了。

二

　　在公号中翻出二○一九年给《八八沈公》一书写的《沈公十日谈》，加了几句按语，于十一点十二分发出：

　　　　一个多小时前，接北京朋友微信：沈公昌文先生方才辞世往生（在家中无疾而终）。一时惊住。一时再问北京朋友，说"沈公夜间平静辞世。昨天尚在商量入住医院事，不料走得如此突然"。一时去网上找消息。一时不知做什么。翻出前年写的《沈公十日谈》。我这篇长文本是二〇一九年春应《八八沈公》编者之邀而写。今天再发一次，送沈公远行。

此时，微信朋友圈沈公去世的消息渐多。

三

十一点二十一分，安排小谢在晶报APP编发沈公去世消息，并转发我那篇《说不完的沈公 读不完的书》。半小时后，稿子在新媒体发出。小谢感慨地说：与沈公告别，像是与一个时代告别。我答：是啊！我们这一代成长的那个年代，明白无误地沉入了历史。

四

把《说不完的沈公 读不完的书》转到微博，加如下按语：

二〇二一，一月十日，沈公昌文，与世长辞。《读书》遗音，顿成绝响；"京华饭局"，从此难觅。"吃喝玩乐，坐以待币"——唯有沈公,授此秘籍。斯人一去,"阁楼"沉寂;书海茫茫,"编者"几稀!《八八沈公》,横空出世;沪上欢聚,宛如昨日。微斯人也,何处请益?天寒地冻,沈公安息。

最后两句超字数了,放不下。我觉得也可能是天气太冷的缘故。

五

十一点五十二分,收到澎湃微信:

> 胡老师好!冒昧打扰。我是澎湃新闻翻书党的臧继贤,想问问您可否授权我们转发您刚发布的纪念沈公的文章?

我当然同意!

半小时后,澎湃转发了我那篇《说不完的沈公 读不完的书》。我随机转发到朋友圈,加按语如下:

> 当年我给《八八沈公》写《沈公十日谈》,因有许多

话要说，竟然写了万余字。我原是要表达我悠长的敬意，今天却成了漫长的告别。

六

南京大学、浙江大学教授杜骏飞在微信上发布挽沈昌文先生联，这是今天我在朋友圈见到的第一副挽联。杜教授联语如下：

万殊开万有，十方婆娑思问道
三鉴复三联，四谛圆满证读书

联中可见沈公恢复三联、主持《读书》、编印"万有文库"诸事，重在阐扬"八十年代以来读书人靡不拜受沈公之德"。

七

绍培微信说："沈昌文先生走了。当年在北京说到养生，沈先生说他年轻时就开始练因是子静坐法。沈先生说你们一定要练，非常好、非常好。"

不知沈公曾向多少朋友推荐过因是子静坐法。当年他也鼓励我练，还专门给我买了教材寄来，可恨我一直没练。我在回绍培的微信里提起此事,绍培说:"现在开始也来得及。"

也对。

八

杨锦麟先生转发沈昌文去世消息时说了八个字:"老兵不死,唯有凋零。"稍后又说:"对于我们这一代人来说,沈昌文和《读书》就是我们的点灯人。"

他还在评论区转了罗点点的一篇网文。此文叙述沈公去世过程甚详甚细。

朱立利中午电话里和我讲述沈公睡梦中往生情形,和罗点点网文叙述大致相同。

九

有记者希望前三联总编辑李昕谈谈前前前三联总经理沈昌文的贡献,李昕有问必答,且把答案分享在朋友圈。张曼菱老师读了,表扬她的这位师弟说:"你的总结也很棒。"我马上跟评:"同意曼菱老师的表扬。"

李总的答案是:

> 沈昌文先生的一生是"为书籍的一生"。三联品牌的

开创，沈公功不可没。一九八六年中央决定恢复三联书店作为独立出版机构，沈公是第一任总经理。他带领着二十九个年轻的同事，白手起家，以"新锐"和"一流"作为出版质量标准，在范用先生倡导的"文化人写，给文化人读"的基础上，大胆引进西方思想文化的新观念，"领先一步"出版了《宽容》《第三次浪潮》《情爱论》和"现代西方学术文库"中的一大批著作，在学术文化界引起巨大反响，对促进中国当代社会思想启蒙发挥了重要作用。三联作为"知识分子的精神家园"的品牌，正是在这一时期形成的。可以说，沈公"领先一步"的出版理念，形成了三联的重要传统，直到今天，一直为有社会责任感的三联人所坚持。

十

毛尖和沈昌文是宁波同乡。得知沈公去世消息，毛尖接受采访时谈道：她第一次见到沈公时吃了一惊，觉得"他看上去太不像知识分子了，不儒雅不清高，整个人暖乎乎兴冲冲，散发着我们宁波汤团似的热气"。毛尖常听沈公用宁波话给她讲往事，比如多次说过他当年在银楼做学徒，遇到美国兵来扫货，他"狡诈地"把对方称为罗斯福先生，美国兵一秒上头,立马成交。毛尖说:"这个当初对付美国鬼子的方法论,颇有点地道战诱敌深入的意思,后来却多少成了沈公工作语法。他很鼓励我们后进,偶尔也把我们说得飘飘然,搞得我们从此献身写作,回头看看,已经离岸远矣。"

沈公也不止一次当我面讲过"美国大兵罗斯福"的故事,可见人臻老境最先涌到嘴边的话题往往都是少年心事。沈公曾给我的《非日记》一书写序,把我也说得"飘飘然",从此总自认为加强海峡两岸和香港的文化联系是自己的责任。让毛尖这么一说,我就懂了:原来这是沈公"诱敌深入的工作语法"。

十一

下午近五点,脑中突然蹦出一副挽联:

知道者读书通万象
阁楼人情爱唤宽容

联语中罗列了《知道》《读书》《万象》《阁楼人语》《情爱论》《宽容》诸书刊,窃以为这差不多足以概括沈公"为书籍的一生"了,只是不知沈公以为然否。

郑勇微信中和我分享了李长声先生的挽联:

几番风雨,几多情怀,知道百年天下事
一代名编,一本杂志,启蒙全国读书人
——李长声敬挽

长声大哥给郑勇微信说:"惊悉沈公遽归道山,哀恸不已。去年未能应邀回京拜晤,竟成此生之憾。遥祭心香!因疫灾肆虐,不能赴京吊唁,如果可以的话,请兄帮我写这副挽联献上。"

十二

十日晚八点十分,三联书店的正式讣告终于出来了——

中国共产党优秀党员,杰出出版家,生活·读书·新知三联书店原总经理、原《读书》杂志主编沈昌文同志,因病医治无效,于二〇二一年一月十日六时在北京逝世,享年九十岁。

沈昌文遗体告别仪式定于二〇二一年一月十四日上

午十时在八宝山殡仪馆兰厅举行。

十三

晚八点四十分左右，道群又发微信，怀念沈公。他说："有一段时间几乎每个星期都得沈公赐函教导，有事说事、想到什么说什么，后来不寄信写传真，不写传真写电邮，前年俞晓群编《八八沈公》我选了三封发表，看过的都说好看。沈公有两集《师承集》，他这样的信札相信更多，晓群会编起来吧。"

沈公善写信，也善保存朋友寄来的信。已经出版的书中，我们见别人给他的信多，他给别人的信少。道群手中藏有沈公函札不少，相信以后一定有机会读到。

附：道群在微博公布的沈公信札一通——

元月卅一日示悉。二月四日曾奉秀玉命寄上一Fax，谅达。秀玉因公赴美，二月二十日返。我以为金先生的书可以列入"读书文丛"，问题是他要允许我们对文章进行选择，有时文中还要作些删节。我出董桥之书，即为这一办法。你不妨将金书寄下，让我先做起来。我会用最大的tolerance（按：耐力）来做这事。我相信，我的tolerance在国内言，是无与伦比的。当然会有人比我更

tolerance，但按国内尺度而言，怕已属"胆大妄为"了。我做编辑四十年，学识日少，而这类分寸感却日多，此所以我辈难以在海外讨生活也。

信上说得已经很明白：三联出版海外名家的书，虽然有选择，有删节，但已经是最 tolerance 的了。"学识日少，而这类分寸感却日多"，此语一则自嘲调侃，一则正体现出沈公知难而上的韧性与进取精神。

十四

北京的朋友们今天很辛苦。郑勇晚间说："沈公生前让我们如沐春风，他这一走，累死人。到现在只喝水抽烟，人快昏倒了。"

朱立利又来电话，说遗体告别的日期定了，主办方被要求仪式要控制规模，以利防疫抗疫。我说深圳严控人员离深外出，北京我也去不了了。立利说陆灏也来不了北京，他们会在上海搞个追思会。

焕萍说，万圣是沈公逛的次数最多的书店，我们需要找个时间安静地聊聊沈公。我说，只能采用"线下＋视频会议"的形式了。

十五

在这"沈昌文先生的最后一天"即将结束之际,草鹭诸君终于在他们的公号上说话了。

陆灏:

几年前老沈来上海,我和他吃了饭,陪他走回宾馆。到宾馆门口时,老沈说:"我们就此别过,也许下个月见,也许明年见,也许再也见不到了。"虽然老沈经常胡说八道,但那次我听了有点伤感。九〇年认识老沈,几十年交往,忽然意识到老沈八十好几了,总会有真的见不到的时候。但不久又见到了,依然勃勃生气,依然胡说八道。去年十月后知道他病了,就想要去看他,但一直没去成,客观原因确实一个接一个,但在潜意识里,是不敢面对"最后一面"。现在回想,去年一年未见,前年秋天在北京见的,那是快乐的相聚,并不知道是最后一面。想想老沈虽然患病,但起居如常,一觉而去,没有弥留的惨状,没有辞别的伤心,走得洒脱,也好。老沈走好!

王强：

　　上个月在上海时还跟晓群兄说最近一起去看看沈公。今早却得知沈公一个人走了，据说是在睡梦里，走得安详。沈公行前会梦到博尔赫斯的"天堂图书馆"吗？那里一定会是他一个"知道分子""也无风雨也无晴"的"读书无禁区"吧？一个"思想的邮差"就这样在我们丝毫没有提防的时候背着他沉甸甸的双肩包悄无声息地走入了那永恒的无限……沈公一路走好！

俞晓群：

　　虽然一个月前那次聚会，我看到沈公的状态，心已经悬了起来，但依然希望一切都会峰回路转，沈公一定能够好起来，在以后的年月里，我们每月还会围坐在他的身边，轻轻松松地说着闲话，饮酒，调侃，平平淡淡，岁月无痕。活着多好啊，即使去日苦多，来年多舛，我们还是希望伴着春夏秋冬，风霜雨雪，日月星辰，天荒地老，呷一口淡酒，聊几句闲话，慢慢地走下去……

晓群大哥还发了微博:"从沈家出来,天太冷了。来到郊外一家小酒馆,端起酒杯,泪水流下来……"

我深知,为什么,他在端起酒杯这一刻,泪水会流下来。因为此刻,我忍了一天的泪水,也终于流下来……

二〇二一年一月十一日

不一样的沈公

贾宝兰

(出版人)

三联书店原总经理、《读书》杂志原主编沈昌文,于二〇二一年一月十日清晨去世。几天以来,回忆与纪念文章很多,也有许多作者、朋友询问,有的从国外发函表示悼念。

纪登奎的大公子纪坡民,得知沈公去世后,打电话去他家慰问;原国家环保局的牟广丰赋诗一首,还有著名艺术家高名潞从美国发来信函,等等。这里把高名潞的信函摘录于此(注:信函由王明贤转来,他当时参与了现代艺术展的筹备工作):

又一位知识界老先生作古了,感叹。当初找现代艺术展的主办单位,我到三联找沈昌文先生,很支持,所以,三联书店是在我给中国美术馆写的报告上第一个盖章的单位,他又让《读书》盖了章。从九十年代就没有再见到过。存者且偷生,死者长已矣。

这个展览很著名,影响很大,是中国改革开放初期的第一个现代艺术展,具有里程碑意义。这里,可以看出沈公的魄力与担当。

沈公八十八岁生日时,海豚出版社原社长俞晓群委托三联书店原副总编辑汪家明带话,让我写篇文章,腹稿已经打好,但是看了吴彬的文章方才知道,那是一群年轻人要写写沈公的糗事,我很意外。我写不出那个活灵活现的沈公,我人木讷,当初沈公的许多幽默与滑稽我并没有领悟。文章没有写,我不知道沈公如何想,但我的确不是故意。

逝者为大。在沈公去世当天我接受了《深圳特区报》记者的采访,也接受了《财经》杂志这篇约稿,让逝者安息。

虽然我们从人民出版社开始就是同事,但是真正接触沈公、在他手下工作是从一九八二年开始,到他一九九六年退休,时间长达十四年。他留给我的印象很独特。

突出的印象是自嘲自讽,自贬自损。自喻为不良老人;自嘲自己就是小学毕业,除此之外,上过形形色色的补习学校,上海人称为"野鸡学堂"。辍学期间,在一家首饰店当学徒,上海人称"小赤佬"。经常这样自嘲的一个人,一九四九年三月考进人民出版社工作。从校对、领导秘书,到编辑、编辑室主任。一九八〇年他到《读书》杂志,历任编务、副主编、主编。一九八六年任三联书店总经理兼《读书》杂志主编,一九九三年他不再担任总经理,一心主编《读书》至一九九六年。

沈公很勤奋。在人民出版社期间,他自学日语、俄语和英语,翻译出版了《书刊成本计算》《控诉法西斯》《列宁给全世界妇女的遗教》《阿多拉茨基选集》(部分)等多部俄语译作,退休后更是一发不可收拾,先后出版了《阁楼人语》《书商的旧梦》《最后的晚餐》《八十溯往》《也无风雨也无晴》,还有他本人收藏的影印本通信集《师承集》。这些书籍,记录了他的人生轨迹和出版经历,我们可以从他个人的历史中看出大的历史轨迹。

沈公担任《读书》主编期间,每期刊末的"编后絮语"(后结集为《阁楼人语》)是一道风景线,河南大学刘炳善称其"几十年来看过的杂志",编后记"写得很有特色,是鲁迅、胡风,现在又加上你的大作"。

关于《读书》的办刊风格,是一直争论的问题。一九九四年第四期的"编辑室日志"题为"后饮酌·后学术·后刊物",

其中有这样一段关于编辑方针的话：

> "后学术"大都产生于"后饮酌"，编成者则为一"后刊物"，即不合时尚之刊物。"后现代"废弃时尚，《读书》虽有一定方针，但不欲处处"随时俱进"，从这一点说，途径约略相似。三个"后"生拉硬扯地会合在一起，吾人于《读书》之宗旨及运作，或可稍稍有会于心焉！然则，"后饮酌"可理解为"混吃混喝"；"后学术"不免被讥为"学术性"不足；至于"后刊物"，虽然"后"字不甚雅驯，但是并非自甘落后，也就算了。
>
> 《读书》不追时尚，不赶潮流，不人云亦云；所讨论问题，或为经过沉淀之后的思考，或者引领思想，除了创刊号上的《读书无禁区》之外，还有关于股份制的思考、关于经济自由主义思潮的对话，都引领思想风气之先。

沈公向来提倡深入浅出，开门见山。文章不要开头就从盘古开天地讲起。于此，陈原也有这样一段话，"废除空话、俗话、套话；不要穿靴戴帽"，等等。长此，《读书》形成了自己独特的行文风格，有人称为《读书》体。《读书》的思想性，特殊的文体，为读者所喜闻乐见，使其发行量屡创新高，一九九六年,沈公退休时印数达十三万之多。著名作家、评论家王蒙曰:"可以不读书,不可以不读《读书》。"

沈公喜欢吃,《读书》的编辑们经常与作者吃饭,上至高级饭店,下至脏兮兮的小饭馆,甚至在办公室他也用脏兮兮的锅,做出一锅美味的红豆沙汤、煲仔饭、罗宋汤等。他"拉拢"作者与下级的方式就是吃。他把"后饮酌"喻为"混吃混喝"。但他明确提道:文人、编辑之小酌,所重者应在"后饮酌",而不在饮酌本身。"后饮酌"者,事后对席间传来信息之思考、整理、领会。更所要者,是席间的催稿、逼债。非如此,哪里能办成一个刊物?"编后絮语"和"编辑室日志"处处充斥着他的办刊思想、与作者的互动方式。靠吃来催稿、逼债屡试不爽!

沈公在"后饮酌"时结下广泛的人脉,包括作者、读者、朋友。他主编的"新世纪万有文库"和《万象》杂志,就是靠他的铁粉儿俞晓群和陆灏的支持,这使他退休后的生活更自在、更丰富。他的《八十溯往》与《八八沈公》都记载着俞晓群、陆灏等对沈公的爱戴。

沈公很有智慧——生活的智慧、政治的智慧。除了性格因素之外,他的个人生活经历,他亲历的历次运动,使他对问题与事情处理方式的把握游刃有余,我辈远远不及。《读书》创刊于一九七九年,二十世纪八十年代,人心思变,但是在变与不变之间,如何变,《读书》不可能不触及。从影印本《师承集》里我们可以感受到《读书》曾经历过的顺与不顺,但无论遇到什么问题,《读书》都波澜不惊地应对了下来。这里,胡乔木一九八三年七月二十九日的一个讲话起了关键的作用,他说,《读书》"编得不错,我也喜欢看"。

  看《师承集》有些打不住了。匆忙此文字,是为悼念前辈沈公。

豁达的沈昌文先生

简 平

(影视工作者)

昨天（一月十日）上午九点不到，国家图书馆外文部主任顾犇发来微信说，沈昌文先生走了。我顿时愕然，随即给沈公的至交、弟子俞晓群打电话询问详情，他告诉我，沈公昨天感到身体有些不适，所以晚上早早睡了，今天清晨六点时，女儿去他房间看他，才发现他已在睡梦中安然离世。朋友们都说，对于一位九十岁的老人，这样驾鹤西去是一种福报，我当然也觉得宽慰，不过，我为自己没能实现一个愿望而深感遗憾。沈公自称是个"吃货"，而且还是一个"上海吃货"，所以，我每每请他吃饭，点的都是上海本帮菜。沈公出生在上海，在那里生活了二十多年，深度浸润于海派文化，所以在他身上有许多上海人的特质，即便在饮食这等事上，虽说他后来进京工作,却也一直保留着上海人的口味。比方说:北方人好喝白酒,但沈公只喝啤酒;北方人嫌吃蟹麻烦,可沈公对大闸蟹却情有独钟。我本来已经想好趁一月十四日去北京参加全国图书订货会之际,请他喝一次啤酒,吃一次大闸蟹的,无奈因为疫情,订货会延期举行,我的愿望落了空。不过,我想,总还是有机会的,哪怕过了吃蟹季,啤酒还是源源不断的,不料,他却骤然间悄无声息地走了,我再也不能跟他吃饭聊天了。

很多年前,顾犇带我第一次去见沈公的时候,沈公约在了雕刻时光咖啡馆,这很能显出他的独具匠心,因他知道我和顾犇都是上海人,上海人是爱喝咖啡的。后来,我和他熟了,也就开始在北京和上海两地约饭了。沈公喜欢吃的都是地道的上海菜,草头圈子、水晶虾仁、八宝辣酱、红烧蹄髈……一边吃一边听他讲在上海生活时的趣闻逸事,总会笑到大喊肚皮痛。他说他当年在上海一家银楼做小伙计时,老板一家是宁波人,爱吃臭的东西,而检验臭的标准是看有没有长蛆,长了蛆才算臭得够了,才可以食用。老板娘规定,每次从臭缸里取出食物必须先送给她看,她边念《往生咒》,边把蛆虫挑出,然后把食物分给大家吃,一开始他还吃不惯,过了五六年后,他也非臭不食,视为天下美味了。事实上,不要以为沈公真是一个只图口舌之快的饕餮之徒，他是"醉翁之意不在酒"，作为一个有使命感有事业心的出版家，他的"吃喝经"是他的实干精神的写照。他在当三联书店总经理和《读书》杂志主编时，总是要求编辑能够"吃吃喝喝，拉拉扯扯"，就是要求编辑要有黏功，对看中的著译者要缠住不放，并在工作餐的饭桌上将组稿之事搞定，回到办公室就能签订合约。其实，沈公最中意的并不是山珍海味的奢侈酒席，而是街边角落的小馆子，因为他认为这才可能吃出一些文化意味来。沈公有一金句："我最喜欢在脏兮兮的餐馆，吃脏兮兮的小菜。"这个"脏兮兮"，不是真的脏，指的是乡土气和家常气。

　　沈公的"吃喝经"还是他豁达人生观的写照。因为他有肝病，他做医生的妻子白大夫便限制他的饮食，不让他多喝啤酒，也不让他多吃大闸蟹，可沈公常常口头答应，行动上却不执行。有一次，我请他吃饭，白大夫派她女儿沈懿来做监管，说好最多只能喝一瓶啤酒。沈公故意大声地跟我说，今天客人不少，多叫几瓶啤酒也无妨，不过，我台面上只能有一瓶，不然女儿就交不了差了。只见沈公把一瓶啤酒放在自己手边，然后在我面前也放上一瓶，结果，他的那瓶倒是还满着，可我的一瓶不一会儿便喝完了——原来他使了一个小计谋，他知道我不喝酒，却故意放上一瓶，而后神不知鬼不觉地一直喝着我的那瓶啤酒。去年十二月九日，沈懿给我们发来了沈公当天在餐馆吃饭的照片，我们看了都很高兴，虽然他看上去消瘦了不少，但面对一桌菜肴还是面露微笑，让人放下心来。那天，他还是喝了啤酒，但只喝了一瓶。让我稍感安慰的是，我没能让沈公吃上大闸蟹，但去年九月，沈公在家里过九十大寿时，他的另一位至交好友陆灏特意从上海快递去了大闸蟹，沈公吃后说，他心满意足。对于生死，沈公看得很开很透，他曾嘱人给他写过一幅字，上面录有唐代文学家裴度之言："鸡猪鱼蒜，逢着便吃；生老病死，时至即行。"

二〇二一年一月十一日

"文化里的胃"
——怀念沈公

赵珩

（文化人）

认识沈公昌文先生有整整二十年了。

三个月之前还在沪江香满楼参加了三联同人为他举办的生日聚餐，只是因为疫情的影响，规模很小。除了沈公父女，就是三联几位新领导和与他共事多年的同人，如朱伟、潘振平和郑勇等。扬之水和我也都应邀前来。扬之水当年在《读书》时，也曾是他的麾下，大概只有我是局外人了。我已经很长时间没有见到沈公了，没有想到他竟然衰老成那样，人已经瘦得脱了形，在女儿沈懿的搀扶下，显得那样地憔悴和龙钟，几乎不敢相认了。其实，他的记忆力早在几年前已经不太好了，有次，我们一起参加某图书颁奖会，我和他都是颁奖嘉宾，坐在一起，聊天时，他竟问了好几次我的年龄。那时，我已经察觉到他真是衰老了。

沈公去后的几天中,网上关于他的消息几乎刷屏,其中有三联的同人故旧,有三联的作者,而更多的则是与他根本不认识的读者。其实,这才是最让人感动的。

也许是我也曾经做过出版工作,是不大喜欢跑出版社的人,因此在二十年中虽在三联出过几本小书,但与沈公接触的时间并不多。即便是相聚,也大多与出版无关。倒是承他之邀,参加过不少次他组织的"饭局"。

二〇〇一年,我的一本小书《老饕漫笔》在三联出版,此前也没有想到这本随笔会有什么影响,是孙晓林先生和董秀玉总经理给予支持才得以成书。但始料未及的是出版后居然有了些影响。于是,三联为此举办了两场读者见面会。一场是我与范用老、书评人黄集伟在西单图书大厦举行的;一场则是我与沈公和中央电视台主持人张越在三联书店举行的。那也是我第一次接触到沈公。

虽然没有接触过他,但是沈公的大名却是早已熟悉,从改革开放初期《读书》的创办到后来三联出版的繁荣,他不仅是三联的一面旗帜,也是当时出版界的领军人物。直到他退休之后,都被誉为"出版界的教父"。

沈公是位风趣的人,那次读者见面会是我第一次领略到他这方面的诙谐。那日不知是谁的发明，座谈主题叫"胃里的文化"。但是轮到他发言，他的第一句话就让气氛活跃了起来，他说，"你们那个题目太深奥了，我不懂，我不懂什么胃里的文化，我这就是文化里的胃而已"。于是气氛一下活跃了起来。沈公也东拉西扯地说了许多关于吃的趣事。三个人的对谈如同聊天，读者听得津津有味。

沈公爱吃，但算不得真正懂吃，他对吃的要求也不高。有人曾开玩笑地说他"不是在外面吃饭，就是在去吃饭的路上"，虽然有些夸张，但是沈公的很多出版活动确实是在饭桌上谈的。他对吃并不十分讲究，虽然吃的还算宽泛，但是对江南菜和上海菜还是情有独钟。此后，很多次吃饭，尤其是江浙、上海本帮菜，他常常邀我参加，而每次参加的人也大都不同，可以说是形形色色，各界都有，谈笑间，许多事也就定了。沈公是出版界的帅才，饭桌上，颇有些"谈笑间，樯橹灰飞烟灭"的气概。

二〇〇四年的秋天，突然接到沈公的电话，要我赶到隆福寺附近的"娃哈哈"去吃饭，我就估计到可能是有事相约。果然，他和朱伟又邀了法国国家电视二台的著名栏目《美食与艺术》的撰稿人和制片人蓝风，找我的目的是让我在法国电视二台做一期访谈节目。我们之间的互相介绍都是沈公来穿插导演的。而且沈公是个急性子，说好第二天就让蓝风到我家访谈拍摄。我估计似这样与三联无关的文化活动，沈公也做过不少，他是个热心人，也是好事者，促成了不少这样的事。第二天，蓝风在桑德琳（姜文前妻）的陪同下在我家搞了一整天，桑德琳充当翻译，又是谈，又是拍，折腾了很久。蓝风一句中文不懂，我是一句法文不会，而桑德琳的中文又出乎意料地不好，所以沟通有些困难。至于效果如何，蓝风回法国后期制作，我就不得而知了。类似这样的事还有不少，因此，沈公招宴，单纯只是吃饭的并不太多。

沈公在出版界的联系很广，他有着旧时代出版人的工作作风，但又能适应最新的出版潮流。这种杂糅的风格正是他一贯的风格，也与他从小在上海这样的出版环境里成长有着密切的关系。他在退休之后，仍每天背个双肩包到三联"上班"，一直关注着出版界的风向和动态，更多的是联络了许多作者和读者，没有一点架子和那种假正经的做派。尤其是他的热心、真诚，更是让许多人都难以忘怀。

我的一位久居英国的老同学多次让我给他介绍沈公，想从他那里更多地了解七十年代北京朝阳门内大街的内部图书服务部始末。我怕给沈公添麻烦，一直迟迟没有给他介绍，后来经不住他的一再要求，只好给沈公写了封信，让他自己去找沈公谈。没有想到的是沈公非常热情地接待了他，竟然在楼下的咖啡馆里和他聊了近四个小时。这让我那位老同学极为感动，也让我感到对一位八十多岁老人的歉疚。对于那时的"黄皮书"和"灰皮书"，沈公非常了解，而这些"内部发行"的旧事也只有他最能说得清楚。

沈公主持《读书》的时代正是改革开放、百废待兴的年代，而立于潮头的《读书》也犹如春风，为读者展示了一个全新的境界，为作者开辟了一片全新的土壤。可能当时与他一起工作的同人都能感觉到他那种独特的工作作风，轻松而愉悦，然而又接触到一个崭新的天地。他的用人、识人也为三联培养了几代优秀的出版人。因此，沈公在三联也得到大家的爱戴。

沈公是个喜欢开玩笑的人，但是又不失厚道，他每在饭桌上总会自嘲，说些让大家哄笑的段子，但是从来不会背后议论别人之短长或是臧否人物，与他共餐会觉得轻松愉快，正如他所说的"文化里的胃"，也如中医所说的"胃者，受纳之官"，一切营养会于此分解融化了。沈公的胃，"是文化里的胃"，信然。

真正对于吃，沈公并不十分在行。记得那时在东华门大街路南开了家上海本帮菜馆子，名字就叫"石库门"，我曾两次受邀前往，但是做得并不算好，是本帮菜和杭帮菜兼而有之。沈公对这里却颇有好感，经常邀人去小聚，另一个也是就近的缘故。我记得每次最后都会有道八宝饭，沈公很喜欢，说做得好。其实，实在是不敢恭维。也正因此，我给他在旧历年前送过两次我家自制的八宝饭，豆沙是自家制作的，他非常高兴。

三个月前，在为他准备的生日晚宴上，郑勇让我点菜，我是最不喜欢这个差事的，但是为了沈公，无奈为他点了些他会爱吃的东西。那日，沈公吃得很少，在沈懿的帮助下，也都稍微浅尝了些。他的话很少，但是有些事还都能依稀记起。人瘦得很，还能显出腹水的体态，并不像在他离世后大家说的"无疾而终，在睡梦中安然离世"，只是沈公并不谈他自己的痛苦而已。沈公是个永远把快乐留给他人的可敬老人。晚宴结束下楼时，扬之水说，她也很久没有见到沈公了，没想到他变成了这个样子。她问我，沈公大约还有多少时日？我说，大概过不了半年吧。他的离去也是意料之中的事。

沈公走了，但是那么多人在怀念他，这就足够了。

七律·悼沈昌文先生

金宏达

（学人）

哀思忆昔见斯人，（余及内子于青与沈先生曾有交往）
谐笑馐肴益率真。（先生喜俳谐、餐饮）
阁楼文章冬月夜，（先生曾著书《阁楼人语》，甚知名）
宏轩版籍暮年春。（主事三联期间出版中外名著甚多）
仓王有情结族运，（仓王即仓颉另一称，相传其结绳为字，华族文化始兴）
白马无私纳异珍。（白马驮经而至，中华吸纳外来文化为一优良传统）
怅望南天星遽隐，
劫灰未冷泪沾尘。

二〇二一年元月十一日

尊前谈笑人依旧
——深切怀念沈昌文先生

李城外

(文化人)

庚子岁末,一个令人神伤的消息在网上刷屏,九旬高龄的杰出出版家、《读书》原主编沈昌文先生驾鹤西去。闻讯后,我写了一首七律发给沈老的大女儿沈懿,以表缅怀之情。因疫情原因不能赴京送别,我又电话拜托三联书店总经理肖启明安排代送花圈,以示敬意。尊前谈笑人依旧,回想二十多年来几次采访沈老,他在湖北向阳湖留下的故事永远定格在我的脑海里——

一九六九年秋,沈昌文下放到原文化部咸宁干校时,已近不惑之年。为了表示积极,表示拥护走"五七道路"的决心,他不仅自己去干校,而且申请全家去,毅然和妻子白曼颐带着母亲及两个女儿,举家南徙向阳湖,连北京的房子都卖了。

干校总部设在"四五二高地",他所在的人民出版社编为十三连,驻汀泗烧制砖瓦;夫人是位名医,住校部医院。这种夫妻同一干校两地分居的奇观,在那时却司空见惯。母亲分在家属连,两个女儿分别在小学和幼儿园,一家人分住五处。因为政治上可靠,承蒙组织信任,沈昌文在连队担任了通讯员,负责和校部的联络,还有点小小的"权力",可以每天去镇上取信,然后分发给大家,并且有权扣下一些信交上面审查。从汀泗骑自行车到校部需四十分钟,这样公私可以兼顾,和家属见面的机会多一些,竟也令人羡慕……

鄂南民风淳朴,老乡们对文化人都不错。尽管干校搞阶级斗争,并没有怎么妨碍他们和当地群众的交往。白大夫还给不少农民看过病,更是受到不少照顾,附近湾子的农民过春节,还热情地送来糍粑拜年。白大夫(返京后曾任北京阜外医院门诊部主任)还清楚地记得,北京图书馆有位同志姓孙,在向阳湖做广播员,预报天气老是不准,有次开一个场面较大的会,几个连队的人都参加,问了气象员,说那天晴转多云,结果还是下了雨,许多人坐在露天地里,淋成落汤鸡,于是"天气预报、胡说八道"的顺口溜不胫而走,传遍了干校。

到了干校后期,"五七"战士和当地人接触增多,返京后还有联系。如汀泗邮局的王祖喜就曾给沈昌文不少帮助。但让沈昌文永远难以忘怀的，还是《红楼梦》研究专家朱南铣。朱南铣是清华大学哲学系毕业的高才生，三联书店的老编辑，文字功夫极棒，笔名"一粟"。下干校前，沈昌文时常受邀和他一起去小饭馆喝酒，聊天，向他学了不少东西。如朱认为只埋头做编辑不会有多大出息，编辑、学问、看戏、喝酒这几件事都可以结合起来，不少灵感往往是一念之间产生的。在十三连，沈昌文反倒成了他实际上的领导。朱南铣身体虚弱，生活清苦。两人重叙旧谊，时常偷偷外出找小吃店"打牙祭"。有个礼拜天休息，两人一起上街，朱非常兴奋，一边喝酒，还一边念诗，诉说自己离婚后连里批准再婚，马上可以回去探亲，不免喝多了点。沈没酒量，只能光点头。返程时半路上碰见一位同事，因沈要去邮局取信，便托他代为照料。可回来后朱发觉这天是自己值班，见水缸没水，便赶紧去挑，没料到头重脚轻，不慎掉进塘里淹死了。朱是出版系统最有成就的人之一，怪可惜的。多少年以后，沈还深深自责对此事负有责任，至少在那时出去喝酒是违规的。

至于荒唐的事就更多了。有一段时间，上面下指标，要求一个晚上挖出一个"五一六"分子，搞逼供信，不讲假话交代所谓"问题"就要受体罚。北大毕业生唐一国，不幸成了怀疑对象，被逼无奈，只好逃跑，抓回后受到加倍处罚，斗了九天九夜，以后却什么问题也没有了！

一九七一年初，周总理指示要出学术著作，北京方面才想到向阳湖这批人。沈昌文被奉命召回，担任了学术著作编辑室主任。不料想没多久又戴上"复旧"的莫须有帽子，再度下放干校，然后又再度返京重新工作。一九七九年，在陈翰伯先生倡导下办起《读书》，第一任主编是陈原，一九八〇年沈昌文参与主编，一九八六年以后兼任三联书店总经理，一九九六年退居二线后又创办《万象》。截至一九九五年第十一期《读书》编到两百期时，沈昌文主编达一百八十八期。可以说，假如没有这些向阳湖文化人的努力，就不可能有《读书》杂志的辉煌。

沈老很欣赏一副对联："潇洒送日月，寂寞对时人。"他还是有情有义有趣的人。前些年，无论我进京补拍他的档案影像，还是一同在沪参加张慈中书籍装帧设计艺术馆开馆仪式，他都与我热情交流，永远给人一副风趣幽默、潇洒自如的印象。尤其是身为湖北省向阳湖文化研究会顾问，每逢有新作出版，他都会题签寄给我，如《阁楼人语》《知道》《师承集》《也无风雨也无晴》《八八沈公》等，令人暖心莫名。

"拜谒几回犹在目,岁寒更仰一苍松。"沈老是幸运的,他无意中选择了第一个中国人民警察日告别人世。今后每逢"一一〇",出版界、读书界的朋友们自会深情忆念这位老前辈的。

二〇二一年一月十一日

沈昌文先生的郑州往事

马国兴

(文字工作者)

二〇二一年一月十日上午,惊悉沈昌文先生远行,我悲痛不已。自一九九六年三月二十八日至二〇〇一年二月二十八日,自二十二岁至二十七岁,我曾在郑州三联书店工作,整整五年。二〇〇九年,由于多种原因,我着手整理在书店工作期间的日记,后来精选发表于《天涯》。二〇一〇年,我以之为基础,写作《我曾经侍弄过一家书店》系列,发表于《读库》。二〇一二年六月,单行本由江西高校出版社出版。单行本编辑之初,经俞晓群先生牵线,我约请沈昌文先生作序,最终如愿以偿。沈先生的《郑州往事》,钩沉创办郑州三联书店及越秀学术讲座的逸事,是一份珍贵的史料,可谓书店的"前传"与"别传"。作为三联书店恢复独立建制后的首任总经理,沈昌文先生惠及读者多矣,而沈先生在郑州播撒的书香,至今未散,愈显醇厚。现整合相关材料,并融入个人经历,连缀成文,是为纪念。

创办郑州三联书店

郑州三联书店全称为生活·读书·新知三联书店郑州分销店,于一九九〇年四月二十五日正式营业。这是三联书店自一九八六年恢复独立建制以后,在全国设立的第一家分销店,由时任三联书店总经理的沈昌文先生,与薛正强先生共同促成。二〇一二年四月,沈昌文先生在《郑州往事》中,回顾了创办郑州三联书店的因缘。二十世纪八十年代的某一天,在罗孚先生安排下,沈先生与老报人徐铸成先生共餐。那天,沈先生还结识了同席的徐老之孙徐时霖先生。随后,在时霖先生介绍下,沈先生又认识了时霖先生的同学薛正强先生。不久,薛先生向沈先生提出,有意在家乡郑州经营书店。沈先生写道:

> 当时,三联书店刚落脚未久,美术馆东街的大楼八字才刚有一撇,本店工作人员大多还在北京五六处地方分散办公,如何谈得上去外地发展。但是,我想到了

未来，加上我这上海人好动的性格，觉得不妨一试。不过，我那时一分资金也掏不出来。薛先生说，资金由他筹，只要求我允许他使用"三联"名号。我于是郑重要求他注意文化品位，绝不经营坏书，把这作为使用"三联"名号的唯一条件。他欣然同意。这家叫"三联书店郑州分销店"的书店于是开张。打这以后，我去检查多次，确实不错。从各方面看，值得叫作"三联书店"。

徐时霖先生的回忆，对此事可做证实与补充："我和沈先生第一次见面是在一九八六年三月。薛正强兄是我的同事前辈，亦师亦友。一九八九年秋，他始有办书店之打算。他和沈先生首次见面是在一九九〇年初或春节后。当时，沈先生得知上级支持三联书店扩充销售渠道后，即有此决定。"郑州三联书店开业之前，也在积极备货。请三联书店发行部出具证明函之外，同时致函各出版社发行部，希望对方多多给予支持，其中写道："生活·读书·新知三联书店在郑州建立了国内第一个分销店，经销三联本版图书。建店伊始，得到了同行们的大力支持和帮助。我们热忱地希望经销贵社的图书，请您在百忙中抽暇给我们寄下图书目录。我们选择后，将所要书目及货款寄汇给您，请您及时给我们发货。我们愿意成为贵社的特约经销店,因而,恳请在经销折扣上给予照顾,并烦劳您在所寄书目单上注明折扣标准,以便我们准确汇款。我店全体同人感谢您的支持和帮助。"作为郑州三联书店发起人,沈昌文先生说:"创办三联书店郑州分销店,是我出版从业史上的一个突破。"某日,沈先生来郑视察,看到书店两边皆为餐饮店,笑言:"这整个一三明治嘛!"一笑了之之余,或可见文化在那个时代的尴尬处境。

郑州三联书店位于文化路与农业路交叉口西北角,其面世,被当地媒体誉为一举改变了"文化路上无文化"的历史。当年郑州的文化生态,可由扬之水女史的《〈读书〉十年》窥知一二。一九九四年一月十三日,她在日记里写道:"郑州三联分销店坐落在文化路最北端,夹在一爿熟食店与一家牛肉面馆中间,是一片肉夹面包的三明治。门面极简陋,里面也未加意装修,因为地处路口,故接纳了各路灰尘。学术著作居多,但品种仍感到少了些。"扬之水女史此行还去了文化路上的其他书店,她的观感是:"一路扫过去,有百花、蓝色、名著、三毛、华夏、中华、昨日、经济等十多家。通俗读物及畅销书居多,也有一部分外国名著。据潘振平说,和北京地摊的情况差不多。"郑州三联书店成立时,就是一个二级批发单位,除了文化路上的零售店,还在郑州图书城设了批发店。

扬之水女史在当日日记中写道:"在省社科院门口又坐上车,往图书城,亦即批发市场。花花绿绿,实在都是些不入流的货色,与北京金台路批发市场近似。倒是薛设在这里的批发点有几本正经书。"郑州三联书店营运数年后,先是在一九九三年十二月十二日,与郑州越秀酒家兴办酒店中的书店,继而又于一九九五年十月一日,进驻郑州百货大楼,兴办商场中的书店——二者都是开先河之举。扬之水女史曾前往两家支店。事实上,一九九四年一月,她与潘振平先生陪同丁聪先生夫妇赴郑,就为出席越秀支店的开业典礼。一月十二日,她在日记中写道:"饭罢参观画廊和书店,书店进货档次很高,正与酒家的档次相匹配,却不知囊橐充盈的美食家,是否也是高档书的鉴赏家。"当晚,越秀支店开业小型室内音乐会在越秀酒家举行。第二年,十一月二十三日,扬之水女史陪同沈昌文先生赴郑。在越秀听了吴迎先生钢琴独奏音乐会后,"在书店转了一圈,未见有中意之书,倒是在一部《中国科学技术史典籍汇编》中,发现了梵澄先生提到的刘基的《多能鄙事》,抄录了其中的几则"。次日傍晚,"饭前由薛正强带领,往他新开业的百货大楼四楼的三联书店参观,购得张广达《西域史地丛稿初编》《诗品集注》"。此后,郑州三联书店迅速复制扩张,触角又延伸至商业大厦、天然商厦、紫荆山百货大楼、亚细亚五彩购物广场、金博大购物中心、花园商厦、丹尼斯百货……

在这样的背景下,我与牛桂玲先后加盟郑州三联书店,并在那里相识相知相爱。从这个意义上说,沈昌文先生是我俩间接的"红娘"。

开启邮购时代

说到郑州三联书店的邮购工作,是绕不开沈昌文先生与《读书》的。一九九〇年九月十五日,扬之水女史在日记中写道:"午间薛正强来,请编辑部三人在花园酒家午饭。……席间所谈为郑州三联分店与《读书》之合作。"

《读书》一九九〇年第十二期第一百六十页,有一则《致读者》,应出自沈昌文先生手笔,全文如下:

《读书》第十一期《读〈读书〉记》"不尽如意"题下,有一位读者陈述苦恼,其一便是《读书》评介之书,每不易购得,同时又表示,"这自然又不是《读书》能奈何的事"。读者知我爱我,令人感念无已;然虽不怪不罪,却也难免惶愧与不安。今欲聊尽绵薄,经与三联书店郑州分销店联系,初步拟定今后凡《读书》介绍过的书，皆由其尽量向各出版社联系进货，并承担为读者邮购的工作。凡三联版图书，可以尽量保证，其他各社所出之书，亦尽力搜求。爱书的同道们可径与之联系。若几方面通力合作，则"不尽如意"处虽未必能尽如人意，但或借此稍解。财力、人力所限，汲深绠短，不周之处，务请鉴谅。有关出版社如能支持此事，允许以优惠方式提供货源，则更所感谢。详细办法，请与郑州分销店径商。

文后附录郑州三联书店的地址、邮编与电话。

其后，沈昌文先生在《读书》上两次提及此事。在一九九一年第二期"敬告读者"里，沈先生写道：

> 本刊于读者服务工作，有志已久。目前可做的……二是央请三联书店郑州分销店，帮助读者购买本刊评介的书刊。这一分销店为豫省书友主持，规模虽小，用心颇大，亟盼有关出版社和读者支持。（郑州分销店地址：郑州10707信箱，邮政编码：450002）

在一九九一年第四期"编辑室日志"里，沈先生写道：

王(作进)先生信上说:"在十二期末尾读到读者购书不易之苦恼。岂止一位,我等皆然。为购三联版《美国山川风物四记》等书,几次托在京同事找寻,不得如愿。今见有郑州分销店可托,不禁喜出望外,即打电话0371-332127。尽管回话此书售缺,但一位张姓工作人员十分客气地表示歉意后,要下了我的地址,表示以后一定要寄书目订单来。我忙不迭地谢谢,他却说:'还得谢谢您!'所有这些,犹如寒冬里的暖流。"感谢郑州分销店我们未曾谋面的张先生,您的有条理的工作大大地弥补了我们的不足。

多年以后再读这些文字,还可以感受到读者、编者、书店经营者之间的温情。除此之外,《读书》一九九一年第五期封二及封三、第八期封底、第十二期封三,整版刊登郑州三联书店的邮购书目,其余各期也用不同篇幅广而告之。那个时代,人文社科书在基层新华书店几无立锥之地,而多数民营书店更是难觅其踪,读者饱受寻书之苦。《读书》刊载以书为中心的文章,编辑部面对求购所评介书刊的读者,限于人力,爱莫能助。郑州三联书店的设立,顺应时势,在服务中原学人之外,经由《读书》搭桥,开展邮购业务,以服务海内外读者。所谓"服务海内外读者",并非虚言。从一开始,《读书》的作者和读者就不限于大陆,而海外读者购阅中文新书之难,一点也不亚于大陆的同胞。那时不少海外读者得书的渠道之一,便是通过郑州三联书店邮购。我进入书店较晚,不过也得见其盛。海外读者汇款为美元,当然,我们通过银行取出来的,是已经换算过的人民币。在空邮和海邮两种方式里,海外读者多选择后者,即便如此,其费用也高于书款。记得海邮包裹到美国的任一城市,都需要一个月以上的。某日,我们收到了一封寄自美国的吴道平先生的信,他在信的开头写道:

> 从容女士/先生:您好!首先请原谅我用了这样奇怪的称呼。我难以判断您究竟是巾帼还是须眉,只得使用这种在美国通行的方法——大约也不合国情。感谢您的来信,昨天您寄来的书也收到了。读了您的来信,当时就有一种强烈的感觉:您办事非常认真负责,真正是一丝不苟。有这种精神,百事可做,无事不成。有这种精神,您就能得到大家的信赖。鲁迅曾经感慨中国人做事太不认真,而日本人却太认真,两者相遇,其胜负可知。假使国人无论做大事小事都能像您的服务一样,社

会的现状总要比目前好一些吧?

"从容"并非具体的某个人名,只是郑州三联书店邮购部历任服务人员的代称。江西新余的易卫东先生,曾在《邮购记忆》一文里,记录了与时任邮购主持人林榕女史的书缘:

在某一期《读书》杂志上,我看到三联书店郑州分销店邮购图书的广告,正好有我想要的几本书,便汇款到这个书店去邮购。他们很负责任地给邮购图书的读者编了号,建立一个购书记录,我的编号是〇九八号;寄书时总是夹一个短信,说明某书暂缺,余款若干,待有书后再补寄云云。落款的名字总是"从容"。……这样过了三年多,大概每两三个月总要邮购一批书吧,建立了一种互信。我为了省事,便开始在那里预存书款。有时候一次存两百元,然后有什么想要的书便写信去。第一次我写的是"从容先生"收,寄来的书里夹着回信,我从清秀的字迹上猜得可能为女性,于是此后便径称"从容女士",也没见异议。这样书来信往,谈着书事,说点感想,偶尔也对生活中的不顺发点牢骚,慢慢地,"虽从未谋面,但彼此已熟悉"。也许我们的读书趣味相似,多了一份亲切和亲近。我几次发现我要购读的书,她都读过,总是在简短的回复中评说一两句。我想要杨绛先生译的《小癞子》,她告诉我书店只有林林译的《小拉萨路》,但插图颇有毕加索风味,也还不错,给我寄来一册。《沈从文别集》出版的时候,她特别说这套小开本的文集很好,她也买了一套,料想我会喜欢,特意留了一套书品较好的给我,果然我寄信去要邮购此书,言下对自己的准确预测颇为欣然。我读回信也不免会心一笑。

这让人不由得联想到《查令十字街84号》,联想到海莲·汉芙与弗兰克的交流。继郑州三联书店之后,三联书店于一九九一年十一月十六日在杭州设立了直营分销店,又与不同机构合作,在全国各地设立分销店,以推广其品牌与图书,最多时共有十三家。仅在《读书》上刊登邮购书目或广告的,依次就有郑州、杭州、广州、济南、南京、沈阳等地分销店。后来各店的邮购书目或广告,未在四封刊登,而是多以补白形式插于文末。除了各地分销店,陆灏先生打理的凤鸣书店,最先得到《读书》编辑部朋友的支持。二〇一九年,江苏苏州的王稼句先生在《郑州书缘》一文中写道:

二三十年前，买书还很不方便，除了在各地访冷摊、拨寒灰外，邮购是个途径。看到书目广告后，就到邮局填汇款单，再在附言上写上书目，这应该持续了好几年。当时我邮购的地方，主要有北京三联书店、三联书店杭州分销店和郑州分销店、上海凤鸣书店。在这几家中，郑州店的服务是最好的，那时没有快递，全是印刷品挂号，他们总是将书包裹得好好的，厚厚的牛皮纸，棱角分明。但邮购的周期太长了，从汇出款到收到书，三四个月尚属正常，那就需要耐心地等待。我曾写过一篇《等待邮购书》，回忆当年的情景，其中就说，邮购书"虽然有一个长久的等待，但是等待之后，却有一个非常令人开心的时刻，这大概就是一个补偿吧"。在文章里还摘抄了郑州店给我的一封信："非常非常对不起，耽误了这么这么久。对您这样的老顾客，我该更尽心才对，可是实在力不从心，邮购常常被搁置，以致邮者怨声沸沸，真是对不住了！像您这样从不来信催的，我更感不安，辜负了别人一片信任。"薄薄的一张纸，让我那久旷的烦恼，顿时烟消云散了。我在郑州店究竟买了多少书，不查日记，自然是记不起来了，在这篇文章里，我记下了四册，姜德明《余时书话》毛边本，柳苏《香港文坛剪影》，袁鹰编《清风集》，尤侗《艮斋杂说·续说·看鉴偶评》，这几本书至今还插在我的书架上。

此外，北京万圣书园、广州博尔赫斯书店、北京风入松书店、黄石后人类书店也一一在《读书》上亮相。各家书店同期在《读书》上刊登邮购书目，其中难免有不约而同的。郑州三联书店的书目选择，原由经理亲自出马，后期由我接手完成。挑选书目，除了其品位，还要考虑其存量——总不能到读者邮购时缺货吧，那就被动了。书目由经理过目后，我便给《读书》编辑部发传真。起初，书店还没有配备传真机，我每次发传真，还得到附近的邮局，当时每页传真的价格是十元。郑州三联书店及其他同人书店这种"好日子"，在沈昌文先生退休后延续了几年。到了二〇〇〇年，《读书》上的图书广告全部改为彩印，并开始收费，各地分销店也不再享受免费刊登邮购书目的福利。其时，放眼全国，经过业内人士的多年努力，纷纷涌现优秀的人文学术书店，读者购书已不再是一件难事，在北京有万圣书园、三联韬奋图书中心，在上海有季风书园，在广州有学而优书店，在南京有先锋书店，在贵阳有西西弗书店，在太原有尔雅书店，在长春有学人书店……谁还会舍近求远地去邮购呢？《读书》二〇〇〇年第二期彩插里，第一次刊登了当当网上书店的广告。这是一个隐喻。一个时代落幕了。

主持越秀学术讲座

越秀学术讲座是开设在学术组织与学术团体之外的学术讲坛，特色在于公共性与开放性。讲座是郑州三联书店与越秀酒家整体合作的一部分，由薛正强先生提议，沈昌文先生主持，第一讲为陈鼓应先生于一九九四年五月八日讲的"道家研究的新方向"。沈昌文先生在《郑州往事》中写道：

> 从这开始，我就一发不可收拾，几乎每月都要请一位专家赴郑州讲演，累计下来，前后一共办了一百四十多场。为了报答崔先生和正强兄的盛情，提高讲座的声誉，除了邀请海内外的教授学者外，我很费心机地邀了不少学术界的领导也去讲演。中国社会科学院的几位领导我就都邀了。我利用我曾是胡绳名义上的老秘书的身份，居然设法把他请去（五十年代中，胡绳名义上担任人民出版社的社长，而我是社长室的秘书，可他从不来人民出版社，我当年极少见过他）。于光远老人家去了不止一次。最值得我感念的是费孝通老人家。他当年的身

份是国家领导人,居然被邀到了郑州好几次。每次去,河南省领导都亲自接待。

一九九四年十二月八日,《光明日报》刊发报道《耐人寻味的"越秀文化现象"》,其中引用一位领导人的话说,"'越秀文化现象'是一种现代经济与文化共生、发展的良好标志"。

《读书》一九九五年第七期第一百五十一页,除了郑州三联书店的邮购书目,还有一则"'郑州越秀学术讲座'活动情况",也应出自沈昌文先生手笔,全文如下:

> 三联书店郑州分销店与郑州越秀酒家合作,举办"郑州越秀学术讲座",迄今已近一年,有二十来位京中学者,专程赴郑与河南学者交流体会,漫谈心得。大陆传媒称这种活动为"越秀文化现象"。今年五月份,更是"郑州越秀学术讲座"的丰收时刻,先后有四位著名学人在"讲座"开讲。他们是:费孝通、胡绳、于光远、吴敬琏。费老以他在国内"行行重行行"地考察的收获,系统阐述中国传统的理财文化。胡老指出中原深入开放改革的必要和可能。于老风趣地阐述了自己近年学术理念的新进展。吴敬琏先生则系统地介绍中国经济改革的历史和

前景。这些报告都受到郑州学术界的欢迎。

需要说明的是,四场活动皆在四月举行,而非文中所说的"五月份"。

那几年,每逢有讲座,我都要打一圈电话,通知书店的老读者,乃至登门奉上请柬。但因为时间冲突,我前往的次数屈指可数。我藏有一册《亚玛街》,扉页有牛桂玲题写的"蓝英年"三字,以及我于一九九九年四月十九日写下的一段话:"本书自郑州某书社半价购得,还未翻阅。得知本书译者蓝英年要来越秀学术讲座,便有意请其在书上签名留念,惜乎这几日在河南省第四届书市上忙活,不能亲往。爱人小牛得知后,大包大揽,说会托人帮我实现此愿。不料那人最终并未成行,我的愿望落了空。今特请大包大揽者——小牛爱人代签,以解心中一结!"但既去了,便少不了追星的举动,合影签名之类。

一九九七年九月三十日,周国平先生的讲座,亦由沈昌文先生主持。沈先生自称是"三联书店的一位下岗职工"。沈先生介绍,周先生此行正在蜜月中,第三任夫人郭红女史偕同。周国平先生的讲座题目为"哲学与精神生活"。讲稿收入《安静》一书时,更名为《哲学是永远的追问》,不过,文后附录的讲座时间误为一九九七年十月三十日。周先生也深知读者对他作品的喜爱与个人生活的关心，在交流阶段，坦承《妞妞》写作后的家庭变故："雨儿最终是和我分手了，她已于一九九五年结婚，我是刚刚结婚。"讲座结束，我请周国平先生在《守望的距离》上签名后，忽发奇想，让周夫人也签个名岂不完满？"不不不！他的书我不能签！他是他，我是我，我们俩不掺和！"得，人家是周夫人，更是郭红，那就算了吧。失望之余，又欣慰：看来，他会幸福的，有这么一位具备现代意识的爱人。越秀学术讲座的嘉宾，多由沈昌文先生出面邀请，不过，《读书》编辑部同人亦有贡献。《〈读书〉十年》百花文艺版所附扬之水女史友朋书札，其中便有吴小如先生一九九六年在信中与她五次商议赴郑讲座一事。摘录如下：

郑州之行，有待老伴批准，故未敢遽定（因她是病人，唯恐我出门于她不便）。但七月下浣小儿及孙女北上，小女偕外孙女自香港返京，成行可能性较大。不过先小人后君子，有几个问题请函复：一、去多久，讲几次？二、报酬若干？（如除旅费食宿外无多酬，即未免徒劳矣。）三、与足下偕行，当然途中有伴，但小孙女如与同行，亦可使她开开眼界，不知克偕否？至于讲课内容，则当视听众兴趣而定。望为我善谋之。（六月六日）

由于老伴不愿我盛夏外出，郑州之行她始终未拿定主意。这要等子女们回来（特别是孙女，她今年免高考直接进了北大中文系）做工作，才能实现我外出散心的"梦"（我的生活枯寂，很苦，等我们再熟一点你自然会了解）。不过，我也是个顽强的人，说话会兑现的。要讲的题目有两个，可以请对方任选，当然注意趣味性，但更要讲效益，即对听众有点"实惠"。一是"怎样欣赏京戏"，二是"从言语交际谈到正确使用交际语言"。讲诗词、小说及书法等也都有的可讲，但听众未必感兴趣。我在香港大学讲过一次京戏，不及在师大一分校讲的效果好。这次如再讲，当尽量让没怎么听过戏的人知道中国戏曲的特点，怎样看出门道来。至于讲小说、诗词，如果没有这方面基本常识的人就难免无的放矢了。（六月十一日）

郑州之行，大抵可定。具体时日，俟小儿到京，当即与君函或电商行期。此次与君偕行，冒昧引《诗》一句以博笑，毫无轻薄不敬之意。"有女同车"，幸何如之！（七月一日）

孙女十七日抵京，其父下旬初到京，然后可望郑州

之行有日。爽性再等几天吧。(七月十四日)

　　日昨向夕,惠然来舍,翩若惊鸿,未能留君小坐,至歉。小儿本月廿二日到京,郑州之行,包括南阳之游,约需几日?如廿五(或廿四)日成行,廿九或卅日遄返,何如?孙女有学侣在京,须结伴览胜,不克偕行矣。今晨拟先以电话奉询,唯恐不值,故寄此函。顷常出门,仍盼速以函告,俾定行期。此行须赖小儿做工作,内人坚不欲莎远行。而月来看校样已头晕眼花,亟拟散心,故必求与足下偕游,一舒耳目也。(七月十九日)

　　一九九六年七月二十四日,吴小如先生莅临越秀学术讲座,做"从'移步而不换形'谈京剧发展规律"讲座。他为越秀题词:"中州访越秀,炎暑骤清凉。登楼真一快,美食伴书廊。"

　　二〇〇五年九月二十六日,七十四岁生日当天,沈昌文先生应邀再次来到郑州三联书店,作为主讲人而非主持人,与读者分享自己的出版生涯。当时我已离开书店,作为读者前往聆听。讲座后,我请沈昌文先生在《阁楼人语》上签名并题词。沈先生提笔写下:"读书无禁区。"

二〇二一年一月十二日急就

沈公你好大的福报啊！

罗点点

(社会活动家)

二十世纪八十年代，沈昌文公在许多读书人和喜欢《读书》刊物的人眼里是神一般的存在。虽然我也自认为是喜欢《读书》的读书人，可我算不上是特别喜欢他的人。

不管喜不喜欢，各种场合都有见面。他是个永远背着一个硕大的双肩包，脚蹬一双不怎么讲究的运动鞋的随和老头儿。回想起来，每次见他都没怎么谈过《读书》和读书，谈得最多的是什么好吃和到哪儿去找这些好吃的东西。沈公永远是一副好脾气的样子，对座中女士无论大小都在获知姓氏之后用一个颇老式的尊称"×小姐"。记得有一次他给我讲自己在上海学徒的时候怎么伺候老板娘的麻将牌局。孤陋寡闻没有见识如我，对这类陌生话题完全不能驾驭，不仅不知如何搭话,还把沈公这副做派贴上了"从旧社会来的"标签。这可能也是所谓"不特别喜欢"的一个原因。

今晨得知他去世,享年九十岁。朋友说:早上六点,女儿发现其过世。我大惊,速速询问朋友,遂得知他精彩到无人可比的离世全过程:沈公十月下旬出现腹水和下肢水肿,去协和住了一星期。他知道自己是老肝病,没做进一步检查和诊断就闹着要出院。出院后如常生活。也吃了点温和的小药,但平日里喝点小酒,去馆子打包好菜啥的都没耽误,总之是照着自己喜欢的方式来。大女儿沈懿是个医生,对父亲的照顾也从容淡定。沈公一贯不要人陪,昨晚说头疼,沈懿给他吃了片药,有点不放心就留了下来。女儿早上六点去看父亲,身体温热,但生命体征已经十分微弱。医生到场时确定人已经大去。

我真的被沈公的离世深深震撼!一个人一生要修多少好事!要多潇洒、多通透、多幸运,才能得到自然母亲这么周全的眷顾,才能有这么一个大大的福报啊!

谢谢沈公,让我们这些留在日益变得陌生和危险的世界里的人,茫然四顾之余,亲眼见到了什么是好死和善终。

二〇二一年一月十日,下午一点

做个"知道分子"也不错

马家辉

（文字工作者）

出版界前辈沈昌文先生病逝，九十岁，是老人了，但这"老"，与其说是年龄，毋宁是江湖地位，以及老派出版作风的价值观：在大时代里，在大框限下，尽己之力，能做多少便做多少，奋力打开读者的头脑、眼睛、耳朵。

努力是否有成果，七分人力三分天，没法控制，重要的是有人挺身做过，冒险过，尝试过，这份心意，不止一代读者皆能领受。

沈先生留下了几本书，皆为忆旧自述，像《阁楼人语》谈的是《读书》杂志的编务心得，如何"勾引"作家却不迁就作家，里面的关键词或许是"尊重"，编辑先生做好自己的工作，准备充分，始可让好作家放心把好作品交到他的手上，亦始可把读者带上更高的层楼。

举个例子：老派文人有许多字号和笔名，年轻的沈昌文把它们通通背诵下来，写信给作家，更亲切，更合宜，沟通无间，编写之间有的便不只于公务而更是情谊。

另有一本回忆录叫作《也无风雨也无晴》，沈昌文说自小从母亲口里记取三点教训：一是痛恨鸦片，这不难理解；二是不喜欢上海人，较喜欢宁波人，因为母亲是宁波人，一直后悔嫁给了上海老公；三是做个"好人家子弟"，无论际遇如何，是富是贫，皆要向善助人，上进成才，千万别让别人瞧不起，更要紧的是别连自己也瞧不起自己。

少年时代的沈昌文，在银楼做跑腿，亦到小店打工，晚上则经由函授学校自我充实，学习的领域由会计到电讯发报机，由摄影到英语俄语，无一不急急想塞于脑袋。初学俄语文法时，觉得难，想放弃，一位老师皱眉道："有什么难的？背也背得下来！"这句话放在脑海几十年，每遇困难，即在心底默念，一咬牙，多努力一点，再努力一点，便过关了。

直到六七十岁，沈昌文说自己"仍然希望每天多知道一些新知识"，他自嘲为"知道分子"，亦以此为生活方式，所以他另有一本口述旧事的书取名"知道"，知道是快乐，更是力量，亦是对自己的存在负责的生活态度。

大概二十年前在北京初见沈先生，是陈冠中代约的局，沈公谈笑风生，是非常温暖的长辈。谈及编务，他笑说自己极擅长"废物利用"，把别人不要的文稿，用有意思的手法出版成书，当"废物"变成黄金的时候，便是他最感快乐的一刻。

当时饭局上还有李慎之先生，也有一位写畅销小说的年轻男作家，他夸夸而谈，说了不知轻重的话。李慎之不愠不火地回应道："我本来对中国前途尚抱有一丝丝希望，今天认识了你，没了，不存希望了。"

李慎之过去了，沈昌文亦已下世，男作家也已不再年轻；饭局上的笑声和冷语，以及希望或绝望，都过去了。就是这么一回事了。

追忆沈公之碎念

文 敏

(新闻工作者)

三联书店前总经理沈昌文一月十日清晨仙逝,朋友圈几乎被他的名字刷屏,沈公完全配得上朋友们对他的纪念与尊崇,以及一切赞美之词——如果说中国出版界有什么影响当代与后世的重量级人物,他绝对是一个。

但我并非出版界圈内人,觉得自己称不上是沈昌文的朋友,没有直接和他打过工作上的交道,不过倒也可以算是他朋友的朋友,因为我身边几乎所有的朋友都与他交情深厚且来往密切,朋友们说起他的种种趣闻逸事每每让我笑破肚子。或者也算是个"饭圈友",不是那种明星、名人"饭圈",是真正一起开吃品喝的那种,想想我一个外省记者居然和他一起在大店小铺吃过许多次的饭,那滋味让人回味良久。

如今他已远行,人们纪念数说他的种种功劳与事迹,我能够追忆的只是他的背影与吃饭喝酒时的侧影,远远望去的一个大致轮廓,因这位人物太特殊太有个性,即便是这样的东鳞西爪,回想起来也很有意思了。

比如他被出版界奉为圭臬的名言实在太多,其中一句是不是他的原创我不太清楚,但确是他一生孜孜于身体力行的:"一个好编辑,不仅要知道上哪里找好作者,更要知道上哪里找好饭馆。"

他的离去对于出版界而言无疑乃一大损失,损失之一就是吃货联盟少了优秀的总舵主。众多编辑、作者都难忘与他热烈讨论选题之后拐进胡同巷尾的苍蝇馆子饱餐一顿,或是更早之前他在临时编辑部用电砂锅炖的私房红烧肉。

我跟着他吃了几次好饭之后才知道,寻好饭馆不比找好作者容易。首先要好吃,要真的好吃而不是网红打卡吹牛买流量的好吃,当然价钱还要在单位领导能爽快给报的范围内(皱皱眉头给报也可)——你懂的。他作为三联领导当然自己就有签字的权力,但也不可过分,毕竟文化单位不比生意场,人格与金钱的一体两面须面面俱到。

比如三联后街隆福寺的"白魁老号饭庄"做的"椰蓉包""豆面糕""糖卷果""咸卷果",十分地道。关键是既便宜又好吃，请一顿压力不大。但北海的"仿御膳"、王府饭店酒廊之类死贵用以显示身价的地方，偶尔也需在那儿请几个要紧的客。这样交错着来，既不让再上一层的领导为难，又能让林林总总的作者朋友们开心。这个分寸就属他拿捏得最最到位。

至于他自己的喜好，据他说来最中意的是在那种有些脏兮兮的小馆里和熟悉的老友吃饭喝酒聊大天。"脏兮兮"是什么意思呢？就是那种桌上还残留着前面食客的斑斑点点，服务员一把抹布抹不干净的地方。但许多朋友却说，沈公喜好不那么单纯，高雅场所、草根地盘，他都有涉足，只要好玩儿。

高雅与草根、狡黠与天真、认真与随便、刚性与圆滑……在他身上并行不悖，统一和谐。这与他的出身、身处的地位有关。

他出身贫苦，从小被送到上海学生意，但又聪明机灵很好学，哪怕是"野鸡大学"也想去听课，只是苦于手头没几个铜板。

那咋办呢？当时他做"仆欧"，人家给一口饭吃已算幸运，谈不到工资。想要上学就只有靠挣"外快"来支付学费。例如侍候人赌钱所得的若干小费。后来，他这个小机灵鬼居然找到一个来钱的活计：为人造假账。还说这事比较好办，只要晚上开些夜车就可办到，所得也较丰厚，可以付学费等开支。可惜的是不经常有这"业务"。因此，念了一年半，最后一个学期实在读不下去，只能开溜。

沈昌文平时说话能不正经就尽可能不正经，就算是在他自己的回忆录中，自黑与调侃也比比皆是。

话说他退休以后还做了一件大事，就是割治白内障。他年纪不大就得了白内障，视力只有0.04。动完手术视力就非常好了，但是也带来了一个副作用，就是原来雾里看的花似乎出现了瑕疵。

沈公曾一本正经地调侃原《读书》编辑赵丽雅，说："我认识赵丽雅多年，手术后再同她见面，意外地发现她的脸上有了皱纹。原来过去看她只是雾中看花。最后我的视力到了1.2，这是令人非常高兴的事情。"

他读书听音乐也是"老不正经"，喜欢听邓丽君那一把嗲嗲的嗓音。邓过世时朋友们纷纷慰问："沈公节哀！"一度他又迷上大美女胡因梦，也因此天天去读克里希那穆提（以上来自沈公回忆录《也无风雨也无晴》，该书详细地记录了他如何从上海银楼里一个初中都没有读完的"小伙计"，经过自己的不断努力和各种机遇，而一步步地成为三联书店总经理和《读书》杂志主编，以及退休后的生活与出版活动）。

由生活细节可以窥见，他职业生涯中的如何策划谋略，如何摆平事端，如何创新出奇，都由这"亦正亦邪，老不正经"而来。中国老话说："处治世宜方，处乱世宜圆，处叔季之世当方圆并用；待善人宜宽，待恶人宜严，待庸众之人当宽严互存。"沈公天赋异禀，无师自通且能运用自如。这也正是他的人格魅力所在。

沈公去世的消息在各大网站播报，评论区跑进一些没搞清状况的跟帖："啊？《读者》总编走了？天啦，那是我初中时的良师益友，是我的精神食粮……"

后面有人进来说："看看清楚，是《读书》不是《读者》。"

前面哭号的人一愣："啊？不一样吗？"

我想老沈一定会被他们逗得乐不可支，他的哈哈大笑声会从天堂洒落人间。

"店二代"沈昌文先生

徐庆全

(学人)

二〇二一年一月十日,沈昌文先生走了。

我和沈先生不熟悉,只是在或开会的场合,或饭局上见过几次。他是出版界的大家,他主编的《读书》杂志,伴随着我的成长。每次见到他,依然少不了青春年少时种下的敬仰。

二〇〇八年十月二十一日,在生活·读书·新知三联书店合并成立六十周年之际,书店和有关方面召开了纪念会议。

说"合并成立",并在"三联书店"之前加上"生活·读书·新知"三个名称,是彰显三家联合成立的历史。在此之前的一九三二年,邹韬奋、徐伯昕等创办生活书店;一九三五年,钱俊瑞、姜君辰、薛暮桥、华应申等创办新知书店;

一九三六年，李公朴、柳湜、艾思奇、黄洛峰等创办读书出版社。一九四八年，三家合并，才有了这个二〇〇八年六十周年庆祝。

六十周年活动后不久，我在一次饭局上不期然见到了沈先生。这次饭局人少，我称之为"小范围、高层次"。借着六十周年活动的热度，饭局上谈的话题大致都是三联的历史。

我是饭桌上相对年轻的人，沈先生还特意问我，年轻人怎么看三联的。我提出了一个"三联连三代"的看法。

我说：人们通常认为，二十年为一代人。若从三联书店六十周年来说，这家历史悠久的书店有三代人的历史；若从"生活书店"创立说起，说它有三代人的历史还有富余。因此，说"三联连三代"，既不矫情，又很符合历史事实。而从它的影响力来说，说"三联连三代"，同样也不矫情。

先说三代的主持人：第一代的主持人，像邹韬奋、钱俊瑞、薛暮桥、李公朴、艾思奇等，哪一个不是在历史上书写故事的人？哪一个在读书人心中没有留下印象？

第二代主持人先是陈原、范用，后为沈先生您了，您是"店二代"。赶上了八十年代思想解放的好时代，不但让前辈的人文精神得以发扬，而且让"三联"的历史更加丰满，恢复了老三联的期刊，尤其是一本《读书》杂志。先不说"宏大叙事"，不说这本杂志在八十年代思想解放的浪潮中的贡献，单就对我们这些正在读书的人来说，在思想观念上的冲击，是醍醐灌顶的。

第三代可以说是董秀玉，是"店三代"。这位女将的作为，离我们更近，人们知道得也更多，她得到的那句著名的"续写三联辉煌"的评价，就是她作为的写照。

再说书店的作者，从周有光、钱锺书、杨绛、夏衍、季羡林等这一代，到李洪林、王若水、资中筠等这一代，再到徐友渔、雷颐、茅海建、陆键东等学者，从老到少，基本上也是纵跨三代人。他们的作品，从一代读者影响到三代、四代乃至再后代读者，从这个意义上来讲，说"三联连三代"都有些超出时空、有些穿越的"乱代"了。

没想到，沈先生对我这个提法还挺感兴趣："店二代，有意思"，还夸奖了我几句。得意之下，我就给纪念三联六十周年的征文集《我与三联》一书写了书评，就用了"三联连三代"的题目，经陈晓萍兄之手，发表在《中国新闻周刊》上。

其实，相比三联的历史，我更关心《读书》杂志，更关心这本杂志经历过的风风雨雨。在这次饭局前，我就读了沈先生的《知道》，也在网上读到沈先生谈《读书》的文章，就问沈先生在这个时期《读书》受到过什么样的冲击。

沈先生说：出版界都是"秋后算账"，"清污"也是啊。一干人听后，哈哈大笑，觉得沈先生说出了一条朴素的真理。

沈先生说，"秋后算账"嘛，"清污"算得都是前几年的账，主要是三个字的账：一个是"思"，有思想性的文章；一个是"性"，宣扬爱情之类的书评；一个是"人"，宣扬"人道主义"的文章。《读书》是"三毒俱全"的。那个时候，出版局专门整理了《读书》这"三毒"的材料，有一段时间，我们都觉得《读书》的生存都有问题了。还好，胡乔木保了一下，有惊无险地就过去了。

这次饭局过后，我又查阅了沈先生的回忆，关于胡乔木保《读书》的事情，沈先生回忆中有披露：

> 一九八三年夏天热的时候，要我去开一个会，说是传达胡乔木一九八三年七月二十九日在全国通俗政治理论读物评选大会上的讲话。很奇怪，乔公开讲未久，忽而讲到了同通俗政治理论读物似乎关系不大的《读书》杂志。他指出这个刊物"编得不错，我也喜欢看"。《读书》存在的问题，主要是"不够名副其实"，没有"满足广大读者更多方面的需要"。接着又说：《读书》月刊已经形成了它的固定的风格了，它有自己的读者范围，可

能不宜改变或至少不宜做大的改变。"他希望仍然把《读书》杂志办下去,而另外办一个刊物,来满足另一些需要。看来,乔公已经知道有一种声音要停办或对它做"大的改变",而他显然并不支持这意见。听到这里,我简直要跳起来——喔!这不解放了吗?

后来,我从老朋友史义军那里,看到了一九八三年中宣部出版局整理的一份简报《〈读书〉杂志发表于浩成、李洪林等几篇有严重错误的文章》,情不自禁地就乐了:就从这期简报来说,沈先生所言的"思""性""人"三毒,还真是"俱全"啊!

这份简报说:"《读书》创办以来,在解放思想、拨乱反正、批判极左思潮等方面,发表了一些好文章。在读者中,特别是在一些中等以上的知识分子中,有一定的影响,对于团结海内外学人也起了一定的作用。"

接着就是一个"但书":"但是,在一段时间中,《读书》比较集中地发表了一批思想倾向不好和有严重错误的文章,其中以于浩成、李洪林等人发表的几篇文章最为突出。"

李洪林的文章,即代表性的《读书无禁区》;于浩成是谈出版的文章。这两篇文章算是沈先生所言的"思"一类的。

"性"一类，简报举例是一九七九年第二期发表的林大中《黄色，色情，爱情》一文。简报首先定性："该文混淆了黄色、色情、爱情的界限。"说该文"立论偏激"，"甚至变相地提倡今天的文艺要敢于写色情"。

"人"一类，简报举例是一九八一年第二期发表的李以洪《人的太阳必然升起》一文。简报说：

> （该文）鼓吹人类有共通的人性。说"所谓人性，就是人的肉体组织所决定的需要，以及人的肉体组织所提供的满足需要的主体条件（即功能）"。"由于人的肉体组织构造一般地说是相同的，所以人类有着以共同生理构造为基础的共同的人性需要，……这些大体上构成了可称之为'人性''人类本性''人的一般本性'的内容。没有这种人性，就没有人类历史。不承认这种客观存在的、第一性的、物质的人性，就不是历史唯物主义者。""而共产主义，就是'人的复归'。"文章还说："我们曾经把尊敬、热爱、信任和崇仰无限制地奉献给神，现在，是偿还给人民的时候了。""神的太阳落下去了，人的太阳必然升起。"

当年那场"清污"的"不叫运动的运动",就是因为周扬那篇涉及人道主义和异化的文章引起的。在那场批判中,但凡涉及"人"这个话题的,都是"污染"的内容。就个人记忆而言,当年《读书》杂志关于"人"的文章,有不少。简报只举一例,不知是不是对《读书》格外"开恩"。

沈先生做了大半辈子的编辑工作,谈吐之中,体现的也是编辑的风格:要言不烦,言简意赅。他的长相幽默,不像文化人;说话也幽默,没有文化人那般的有腔有调。很可敬、可爱的样子。

沈先生一路走好!

没有沈公的日子

俞晓群

(出版人)

二○二一年元月十日,清晨六时许,北京天寒地冻,沈昌文先生在睡梦中,安然平静、无声无息地走了。朦胧之中,他站起身来,迈着蹒跚的脚步,矮小瘦弱的身影渐行渐远,最终消失在京城街市的尽头,消失在晨光微露的雾霭之中。

沈公走了。在老人家淡然的微笑中,一个时代结束了。

一

逝者已矣,生者哀思。以往一贯遇事冷静的我,此时却陷入一种极度感伤、茫然无措的状态。坐卧不安,六神无主,泪水不断地涌落下来。从二十世纪九十年代初,我开始拜在沈公的门下,请他老人家指导我、帮助我做出版。那时沈公刚从三联书店总经理、《读书》杂志主编的位置上退下来，名声巨大，身体尚好，精神尚好。我们几经磨合，颔首称道，挽手前行。从辽宁到北京，从辽宁教育出版社到海豚出版社，一路走下来，日光月华，风刀霜剑，不觉有了三十年的光景。此时回望，我们在沈公的引领下，做了那么多有趣的事情、那么多好玩儿的事情，结识了那么多时代精英人物。略说书目，有六十册"书趣文丛"，五百多册"新世纪万有文库"，八十多册"海豚书馆"，还有"万象书坊""牛津学术精选""剑桥学术集萃""海豚小精装系列"，还有《万象》杂志。长长的书单开列下来，有一千多种吗？何止呢。不过，这里面述说的事情，不是数量，更不是金钱，而是一股文化洪流的汇入，一种时代精神的表达。那是什么精神呢？是一百五十年中体西用的探索，是一百二十年民主共和的努力，是四十年文化反思的呐喊。或者，回到人本主义的思考，那仅仅是七十年前，一位从上海来到北京的小人物，他满身充溢着个人奋斗的精神，还受到那么多政商界文化大佬的提携与熏陶；他历经岁月风霜，跨过激流险滩，不断修炼，成长，强壮，抗争，最终成为一位出版界名声显赫的文化导师，为文人，为学者，为普罗大众，做了那么多有益的事情。直到晚年，当他淡出体制之后，又领导我们继续编好书，做好书，为人文社会留下一抹令人难忘的亮色。

也是我三生有幸,能够在职业旅途上,步入那样一条文化缝隙,亦步亦趋,早早地跟随着沈公做事情。因为我从三十几岁结识沈公之初,耳闻目睹他的理念与业绩,早已经深深认定:"沈公在出版事业上的成就,我可能拼尽一生的精力,也达不到那样的高度了。"正是秉承着这样的想法,我在工作中,一直老老实实地向沈公学习,落实他的主意,实践他的理念。在工作室,在书友会,在咖啡店,在小酒馆,在旅途中,他的高头讲章,他的闲言碎语,他的随想调侃,他无时不在的灰色幽默,我都会认真地记录下来,拿回去认真思考,再从工作中找到落实的依据。沈公一生努力,学识深厚,视事高远,见多识广,人脉丰富,一切的一切,都使我受益良多。三十年走下来,我不断感叹,按照沈公的话做事,不但充满快乐,而且成功率极高,起脚点极高,还避免我们走许多冤枉路。因此,我时常会说,我做出版,最看重两个传承,一是文化传承,一是师徒传承。这不是虚话,而是几十年职业生涯的真实体验。

我拜沈公为师,是现实的,也是精神的,而且师徒关系还有一个变化的过程,从真诚需求,到无欲无求。其实沈公在年近八十岁时,已经宣布退出江湖,不再做事情了。但那时我刚刚来到北京工作，还是硬把他老人家请出来，帮助我策划"海豚书馆"，跑上海，找陆灏，最终沈公写出那篇有名的序言，戏称我们是"三结义"；还讲了"海豚与天使"的故事，感人肺腑。在二〇一一年后的几年间，他参加上海书展等活动，帮助我们站脚助威。直到二〇一九年，我们眼见着沈公日渐衰老，听力越来越差。但我的心中却觉得，对沈公产生了一种越来越深的依赖，几天见不到他老人家，就会若有所失。每逢风和日丽，还是要把老人家请出来，坐一坐，签签字，编一册《八八沈公》，开几次恳谈会，印一册《沈昌文作品图录》，重新装帧几本沈公的旧作《编辑手册》《知道》《书商的旧梦》，再来到一家小酒馆，喝一杯啤酒，贴在他的耳边大喊一阵子，心里就会舒服很多，他的脸上带着微笑，我们也感到年轻了许多。

  直到一年前，沈公出门还是坚持不用车接，他自己背着一个双肩包定时赶来。后来有一次，他记错了地址，迷失了方向，最终是出租车司机把他送过来的，当时把我们吓坏了。此后沈公再出来时，我们一定要全程接送。记得每次去接沈公，时而白大夫会送下楼来，她还会对我们说："谢谢你们，总带着老沈去玩。"

  沈公离去，许多媒体赶来，希望我谈一谈沈公的往事。

说来以前我写沈公太多了，这次在沈家见到于奇，她还说："过去你是'沈公近况'的发布官，现在不能了。"是啊，沈公故事多，人脉广，人缘好，况且沈公为人开朗宽厚，无论我怎么写，他都不挑剔。记得有一次记者问沈公，说没说过某段话，沈公说："没有啊。"记者说："俞晓群说是您说的。"沈公笑笑说："那就是了。"现在不行了，我再也见不到他那赞许的目光、调皮的微笑、随和的行为了。他在我的心目中，已经由一个活生生的肉体存在，逐渐化为一座神圣的精神雕像！此时，我还能写什么？头脑呆滞了，思想凝固了，手指僵硬了，情绪低落到无以复加的地步。我想无论怎样写，沈公都会笑着说："呵呵，不要写了，不好玩了。"

二

写不出沈公，有朋友说，那就回忆一下沈公对晚辈的嘱托吧。谈到沈公出版业中的徒弟，三联书店等体制内的人太多了，此处不表。单说外面的晚辈也有不少，比如他最喜欢陆灏，还有郝明义、吴兴文等。他晚年跟我接触很多，平时没少评价我，都是好话，还有调侃，其实他说过很多人好话，从不在背后说人家坏话。而最让我感动的是他曾经给我的著作写过十三篇序言，今年，我的小书《两半斋随笔》出版，我还专门自印一册《沈公序我》,将沈公写给我的序文集合起来,它们的题目是:《出于爱的不爱和不爱的爱》《数术家俞晓群》《我的黄金时期》《有思想的出版家》《知心的人,称心的书》《穿帮的愉悦》《文化囧》《粗犷的废话》《能量来自辛勤》《一个三〇后的想法》《三栖达人俞晓群》《一个边疆壮汉的内陆开发记》《巨大的另一半》。对我而言,这十三篇序言是一串宝贵的珍珠,要永久收藏。序中除去勉励的话,背后还有许多难忘的故事。比如我的第一本随笔集《人书情未了》出版时,他写序言《出于爱的不爱和不爱的爱》,从题目到内容,沈公的真性情发挥到了极致。拗口的题目是说,他热爱三联书店的事业,却因为退休,没有办法再为它工作了;他从前不认识俞晓群,但喜欢他们的事业,所以会走到一起,联手做事情,由此产生爱慕。此外,沈公还请出老领导刘杲先生为《人书情未了》作序,刘先生的序中,第一次提出一个重要观点:"出版,文化是目的,经济是手段。"成为当代出版人的圭臬。再如出版《数与数术札记》,当时我被调离辽宁教育出版社,去集团工作,与沈公在辽宁的合作就此烟消云散。沈公赐序《数术家俞晓群》反讽我说:"有时也想,这位数术问题专家是不是在出版实践中对数术推往知来的神秘功能有所结合和发挥。因为在近十年的文化出版中,大概数术最可以有发挥余地了。

尽管我一点不懂数术,但是我还算是文化出版园地的老兵,看得懂这行业中的奥妙。这十年,由于转制等原因,这行业里的奥秘越来越被彰显,各种奇技淫巧最有用武之地。我不敢说这些同数术有关,但是俞晓群应当是知道这些伎俩的。可是,偏偏这位数术专家,不仅不用这办法,而且本人还颇受其害。中国的出版,至今病在谋略太多,心机太重,理想太少。"

还有二〇一六年,沈公为《书香故人来》写序,题曰《一个边疆壮汉的内陆开发记》,他写道:"像我这样在内地出生、长大的人,想象不出像他这样的边疆壮汉到内地开发有多艰难。现在他在这本书里写的是对自己的老同乡的汇报,无不实话,使人心动。"纸短情长,他的序言题目从此流传,许多人戏称我"边疆壮汉"。

说来十三篇序,似乎不是一个好数字。二〇二〇年我的《书后的故事》整理好,三月十四日我给沈公的邮件上写道:"沈公好,白大夫好。病毒肆虐,春日落寞,深深惦念你们,万望珍重。最近我的一部小稿《书后的故事》整理好了,发给您批评指正,还希望您一如既往,能够赐予序文。待几日后病消疫散,我再把酒致谢!顺颂春安!"直到八月第一次见到沈公,我跟他拥抱,他在我耳边说:"那篇序快写好了,过几天发给你。"

去年十二月，我整理好《五行志随笔》，十二月七日给沈公邮件写道："沈公好，天天惦念您的身体，您一定要注意饮食，按时吃药，注意休息。改日安排拜见您。现奉上我的新稿《五行志随笔》，商务印书馆组稿，还想请您赐序，不要过劳，写几段字就可以。思念！！！问候白大夫。"我还在此稿后记中写道："首先要感谢沈昌文先生，我预想本书出版时，他老人家已经九十岁了。此时能够请到他的序言，让我终生荣幸！"看到这里，我的眼中的泪水，又要夺眶而出。

三

好了，哭哭啼啼，一定要被沈公嘲笑了。最后再说一段沈公的故事吧：去年十一月沈公的身体不适，那一次发病入院，大家都紧张得不得了。沈公却很坦然，去医院的路上，还对开车送他的朱立利说："没什么大事儿，过几天就出来，你们再请我喝酒。"几天之后，沈公状态好转，他立即闹着出院。回家后不久，我们像以往一样，把沈公接出来，又坐在一起喝酒聊天。那天他的状态非常好，还向坐在侧面的顾犇先生打手势说："国家图书馆的那位先生，你要送给我一样东西。"顾犇一脸懵然，见到沈公的指向才明白，原来沈公自己的一瓶啤酒已经喝完，希望顾犇将他那半瓶啤酒送过来。多年来沈公与我们相聚,白大夫一直告诫说:"沈昌文肝功不好,在外喝酒,最多只能喝一瓶啤酒。"但沈公是老顽童,当时点头答应,出来就破坏纪律,总要多喝几杯,直到这最后一次相聚。十二月我们还去请沈公签一次书,做到一半时他说累了,还是拿回家去做吧。

沈公的大女儿沈懿说:"那次出院后,爸爸又像好人一样开始工作,整理资料,复印材料,每天忙个不停。"小女儿沈双说:"阳历年前几天最兴奋,熬夜剪报扫描,第二天早晨开门,一地果壳,还有空酒瓶子。"但新年一过,沈公不再做事情了,可能是他自认为一切该做的事情已经完成好,也可能是他再没有了做事的力气。但此后几天,他还是坚持有规律地生活,散步,购物,洗澡,吃陆灏寄来的醉蟹,独自喝一点啤酒,直到最后两天,还自己在家中炖上一锅火腿。有文章说,沈公曾言一生追求无疾而终,我想他最后几天的状况,大概就是了。

二〇二一年一月十四日

永远的阁楼

张冠生

（文字工作者）

二〇二一年一月十日早晨，看着书架上那摞《师道师说：沈昌文卷》，想：快春节了，晓群兄还会约聚，届时再带几本，沈公签名后可送朋友。正想着，接到电话，沈公睡梦中走了。

这做派像他。三十多年前初见，就觉得此公名头虽大，却无挂碍。

那时的《读书》，倡导"读书无禁区"，且说且做，孤胆破局，一纸风行。约金克木一篇文章，金先生一下给五篇。已握手告别，站在门槛上又谈一刻钟。登门拜访钱锺书，钱先生也有说不完的话，高山流水一般。沈公身为主编，各路神仙一呼百应，铁肩道义，妙手文章，何等气象？他却似基本无感,自称"阁楼中人",吃喝玩乐,无知无能,全靠前辈点拨。

沈公生长于上海,羡慕阁楼里的文人,无奈身居底层,家在棚户区。父亲早逝,母亲做保姆,他随母寄人篱下,从小学着察言观色。家境差,不得已拖欠学费、逃债,最终辍学,十三四岁进小店当学徒。

"离开学校和教育,我的心里很难受,可是没有办法。"沈公说这些,是二〇〇四年五月二日上午,开始口述自传那天。相识近二十年,第一次见其泪光,感其哀伤。

数月后,随沈公去上海,找到他当学徒的银饰店。坐进阁楼,他神思如归。

银店老板朋友多,有人教他书法,提示"写字如做人"。有人面授《古文观止》,由此熟悉古文。还有几个地下党,鼓励他学俄语。他利用工余时间,找一切机会补习知识,求一技之长。学速记,学会计,学发报,学摄影,学外语,一天里总要赶着上四五门课,先后进过十几所补习学校,学来十八般武艺。一九五〇年底,他如愿考入人民出版社。

沈公口述自传录音带上,有一句话语气特别——"从此我就进入了坦境"——早年所有求知之苦,都成序章。离沪到京,从事出版,是沈公一生重要转折。身边都是"出版界最有学问的人",他由衷欢欣,从排字、校对开始,又开始一段学徒生涯。

他的代表作《阁楼人语》的卷首位置,有丁聪画的阁楼风景,沈公自述:"我喜欢把出版人形容为阁楼里的单身汉。他从阁楼的窗子里往外看,而窗外的人也看到窗里的灯光。"建阁楼,为栖身,更为做事。历三十多年交往,相信他是这样。

暗夜之苦,沈公尝遍。个人求知艰辛,他早年亲历。全民阅读饥渴,他中年见证。时近晚景,国门一开,思想解放,沈公的能耐被激活,如火山喷发,却不见烟火。前辈各有脾气,聚在沈公这里,是天意。他承续民国前辈的温和做派,拿捏当下出版火候,修成独家本领。擅写"编后絮语",又会深刻检讨,和稀泥和得出神入化。

有的领导血性足,老革命作风,"哪壶不开提哪壶"。沈公明知路不通,并不抗命,只作换位思考,避免血荐轩辕,实现"拱卒"目的。他不动声色,不变初衷,化解风浪,发要发的文章,出该出的书,戴着锁链的舞蹈,跳得酣畅。

《宽容》很好,首印就是十五万册。《情爱论》很棒,不删去少儿不宜,何来百多万册行销?再说远点,十年浩劫荒芜不堪,却成就了黄皮书、灰皮书,"供批判用"的读物成了思想启蒙的地火。至于后来的"新世纪万有文库""书趣文丛"等，这类非凡作业，每见沈公身影，须付移山心力。他说起这些，却是典型的沈公风格，都是自嘲、自贬、自损的沈公语言。

某次和朋友聊天，沈公说起心得。要做事，路数很多，不必拘泥一点两点。知道有些问题大，冷在那里，就设法把它烧热。热到大家都关注，成热点，即完身而退——"欢欢喜喜地同大家一起遵命行事了"。欢喜之余，沈公仍钦佩那些耿直硬汉，说，"绝不要忘记往往是'焦大'们为我辈乖巧者铺了路"。

对其人生历程稍作了解，不难想见，阁楼燃灯七十年，自有千般滋味。把其"坦境"放在显微镜下，会看见数不尽的折冲樽俎。回看沈公，衬以历史，他以貌似无风骨成就卓然风骨，出版界家喻户晓的沈氏低调，幻化出难以企及的人文高调。二次解放、文坛解冻、思想启蒙这等天大事端，哪个绕得开他？

一月十三日中午，去同仁医院，与沈公作别。这位嘻哈其表、庄穆其里的太极高手，静静躺着。在人民出版社"扫地"的经历，使他悟得人民真谛。为民众有好书看，他以三联为舞台，酣畅淋漓地报复了早年求知经历的种种不公不义，留下一句"阁楼里可以做得大事",以九旬高寿婉辞百年,抬脚就走。

又想起那句话:是谁传下这行业?黄昏里挂起一盏灯。世人会记得,有位燃灯者,是沈公昌文。

二〇二一年一月十四日

那阁楼上的光,依然亮着

——沈公最后的时光

郑 勇

(出版人)

阁楼上那盏孤灯,熄了

一月十日早晨醒来,看到沈懿七点发来的消息,"我爸走了"。

怎么会这样?昨天下午才接到沈懿消息,店里紧急磋商,正在联系安排沈公住进隆福医院的事。

一时蒙住了。顾不上多想,给三联店务会群里发了消息,就赶到店里,和肖总一起去沈公家里看望家属。沈懿说,沈公一贯不要人陪,昨晚说头疼,就给他吃了片药,让他睡下。自己有点不放心,就留下来在客厅的小沙发上躺着。夜间进屋去看过一次,发现沈公安然睡着,呼吸平稳。早上六点再进卧室去看，发现虽然身体尚温热，但生命体征已经十分微弱。打120叫救护车，医生到场时确定人已经大去，便安排移灵至同仁医院太平间。

和沈懿商量后事安排，沈懿说疫情期间不宜聚集，家里的意见是不办送别仪式、不开追悼会，火化要选老人走后的单日子，想第三天的周二那天火化。我们建议考虑沈公毕竟不仅是三联的前辈、贡献卓著的掌门人，而且是中国出版界成就非凡、影响深远，几乎说得上是硕果仅存的大家，不办告别仪式，只怕无法满足各界为沈公最后送行的心愿。沈懿说那就委托三联全权办理，家属尽力配合吧。沈懿取出沈公前年为出版《八八沈公》，由草鹭文化在北京照相馆给沈公拍的一套照片，我们一起选定沈公穿着红毛衣的一张免冠照为遗照，商定八宝山遗体告别仪式定在十四日周四举行。

回到店里，肖总紧急拟定由三联书店和人民出版社联合组成治丧委员会的名单，安排我来负责讣告和生平，办公室联系八宝山殡仪馆，他随后陪同中国出版集团领导去慰问家属。

转告沈公生前几位知交友好沈公去世的消息——没想到几十年的朋友突然就变成了生前友好，岂不痛哉！这句话有语病，一世友好，当然希望三生结缘。

交往了三十多年的陆灏说，去年一年未见，前年秋天在北京见的,那是快乐的相聚,并不知道是最后一面。想想沈公虽然患病,但起居如常,一觉而去,没有弥留的惨状,没有辞别的伤心,走得洒脱,也好。和沈公一起共事、交往了四十年的吴彬,错过了去年十月十六日的最后一次寿宴聚会,她也有一年多没见沈公了。

追随沈公几乎和俞晓群一样,从沈阳到北京,从辽教到海豚,再到草鹭的朱立利,随后发来沈公的那组照片,其中戴着帽子、穿着西装的那张已用作《八八沈公》的封面照,我选定另外一张戴着帽子、穿着大红毛衣的沈公照片作为沈公生平的封面照,那张和沈懿说好的免冠照最后仍做了遗照。

知道消息后,远在日本的李长声、人在深圳的胡洪侠等各路友好陆续发来"唁电"和挽联。李长声说:"惊悉沈公遽归道山,哀恸不已。去年未能应邀回京拜晤,竟成此生之憾。遥祭心香!"挽联是"几番风雨,几多情怀,知道百年天下事;一代名编,一本杂志,启蒙全国读书人"。胡洪侠说:"脑中突然蹦出一副挽联:知道者读书通万象,阁楼人情爱唤宽容。联语中罗列的《知道》《读书》《万象》《阁楼人语》《情爱论》《宽容》诸书、刊,也差不多足以概括沈公'为书籍的一生'了。"后来定稿时改"唤"字为"论"字,更显浑然天成。

和沈公半生交往,从沈公第一本个人作品《阁楼人语》,

到最后一本《八八沈公》都写了序言，关系可称莫逆的王蒙先生发来消息："听说沈公仙逝，无限依依。他是《读书》与三联的一个重要人物。他的作用将被念念不忘。请向他的家属与三联有关友人转达我的悼念。沈公走好。"

在办公室靠着狂灌浓茶和咖啡、猛抽香烟，支撑着近乎麻木的头脑，埋在一桌子的沈公著作和材料里，一边撰写讣告和生平，一边应对着微信上的消息，朋友圈刷屏的消息和悼念已经顾不上看了。沈公虽然是因病去世，但大家都为他感到欣慰的是，九十岁，仁者寿，这是大德才有的白喜。更何况，他是在睡梦中悄然远行，走前没有遭遇同样病症患者大多难以避免的惨痛和折磨，算是实现了他多年来经常开玩笑说的人生梦想——无疾而终，这该是幸事。对于生死，沈公一直看得很开很透，他曾嘱人给他写过一幅字，上面录有唐代文学家裴度之言："鸡猪鱼蒜，逢着便吃；生老病死，时至即行。"

沈公多年前在《北京青年报》上的一篇文章里说："我喜欢把出版人形容为阁楼里的单身汉。他从阁楼的窗子里往外看，而窗外的人也看到窗里的灯光。"他那段时间还喜欢逢人说项，给人推荐谢尔·希尔弗斯坦的《阁楼上的光》，"阁楼上孤灯一盏。站在外面我看得见,我知道你就在里面……往外偷看。"《阁楼人语》也算是沈公正式出版的第一本书。

而今,阁楼上那盏孤灯,熄灭了。

那踽踽独行的背影

进入二〇二〇年,因为疫情,春节后就一直没有沈公的消息。沈公不喜欢待在家里,经常出门,近些年不是去海豚出版社找俞晓群,就是来三联楼内各处转悠。晓群退休后,少了个海豚的落脚点,三联这边好容易趁疫情稍见缓解,韬奋书店在"四二三读书日"恢复营业,韬奋图书馆也恢复了内部咖啡供应,我给沈公在那里留下两张卡,给馆长关丽峡说好,沈公来喝咖啡,都划我的卡。不料接着出来新发地的疫情,又是一波禁足管控。

自从沈公耳朵越来越背之后,这些年他已放弃使用手机,有事都是电邮联系,或者通过沈懿转告。惦记着半年多没见到沈公了,想知道他身体还好吗,饮食起居都好吗,就微信询问沈懿。六月份想着等疫情管控宽松点,接沈公来三联转转,没能实现。七月份在店里提议给沈公过寿的事,想着按做九不做十的风俗,预备到时候请沈公和白大夫一起吃碗寿面,一起热闹热闹,顺便也询问沈公是否还去上海书展。沈懿回说母亲一直住院，情况不好，沈公今年也不去书展了。

上海书展因疫情一直消息不定，直到八月才决定继续办。印象里这是七八年来，第一次没有沈公身影的一次上海书展。三联新书和好书都不少，张罗了七八场活动。但我总觉得少了南方的胡洪侠和北方的沈公，因为疫情影响的书展，愈发少了往年的热闹。陆灏张罗了一场陈平原、夏晓虹老师和李庆西、文敏、陈子善诸位在上海人家餐叙，大家说到沈公，我心里突然咯噔一下，想到去年上海书展会不会是他最后一次来上海？那次是草鹭给沈公八八寿庆，张罗出了本《八八沈公》，在上海书展大礼堂首发，书店座谈、餐叙，办了多场活动，陆灏、陈子善、江晓原、葛剑雄、许纪霖、郑逸文、王为松等二三十位沈公的上海朋友都参加了，胡洪侠主持首发式，领着大家一起喊："沈公，生日快乐！"那次书展该是沈公一生的高光时刻，也是他最开心的几天，在上海长大，一直生活到十九岁，所以他会说："上海对于我来说，就是不忘初心。"

没想到，二〇一九年的上海书展，成了沈公最后参加的一次书展，成了他对上海的告别之旅。

上海书展回来的第二天，八月十八日，我到马路对面理发，出来正好看到沈公，背着双肩包，从公交车站过来，踽踽而行。那天刚好赶上马路改造，中间加装了护栏，原来能穿过马路到三联的豁口没了，要往南北两头多绕一段路才能过去。我上前扶着沈公，走了几步，嫌绕路远，便带着沈公翻越高过膝盖的护栏。这时才发现，一般人不难跨越过去的护栏，对沈公来说无异于天堑了。一手扶着他，一手扳着腿好不容易才过去。等到再这样扳后面一条腿，就更加吃力了。好在当时两边车流不密，多花了点时间也没隐患，不过，还是惊出一身冷汗，想以后再也不敢这么带着沈公翻越护栏了。

到韬奋图书馆陪着沈公喝了杯咖啡。给他说了上海书展见到的人和事，他就要我回办公室自己忙去。

突然就想起《背影》中那个艰难翻越铁道，爬上那边月台的父亲的形象。再想想他从前骑着二八大杠自行车满街跑，背着双肩包去淘盗版书，独自到小饭铺喝着"普京"、吃着三十块钱简餐，谈笑风生讲上海滩四马路的时候……似乎只是一转眼的工夫，沈公就突然老成这样了。

给陆灏说这事，陆灏说，九十岁还能一个人上街，已是不简单了。《背影》中的父亲可能只是四十多岁。这么想，多少能稍感宽慰。

九月八日，胡洪侠和姚峥华来京，俞晓群张罗在西边新开元酒店的满陇桂雨餐叙，我依然如惯例负责接送沈公。送到南小街小区外面，他仍然像以前一样坚决不让我陪送他回家，好在这次提前让沈懿出来接他。我站在路边，看着沈公艰难地迈着小步，一步一步挪回去，心里一阵酸楚。

那时还不知道是肝腹水造成的这个样子，只是看着他日渐消瘦，步履蹒跚，感慨他突然衰老得厉害。十月十四日沈公来店，到我办公室来，说坐一会儿。他喘得厉害，呼哧呼哧的声音，像范老板晚年的哮喘。我扶着他坐在沙发上歇歇，不一会儿就睡着了。坐在他身边，握着他的手，凉凉的，半天暖不过来。翻看他下身，外裤里面是睡裤加秋裤。等他睡醒过来，我喊来司机送他回去。

没想到这次沈公变化这么大，这么不好，不说一年不如一年，几乎是一天不如一天。沈懿说他前一天还能自己在浴缸泡澡，转天就无力自己起来了。喊沈懿帮着，还是弄不出来，最后是先努力翻身朝下，才帮着慢慢出来的。我跟沈懿说，三联可以安排年轻人去家里帮着照应一下，防止摔倒之类意外发生。但沈公好强，又最怕麻烦别人，所以这事也就没了下文。

最后一次寿宴

进了九月就开始张罗给沈公祝寿事，赶上店里那段时间事情多，一再推迟，便错过了沈公九月二十六日的生日。生日那天俞晓群张罗了一次聚餐，远在国外的沈双还给他订了蟹送到家，他吃得津津有味。拖到"十一"节后，就想着索性叫上王蒙先生，二老双寿同庆好了：十月十五日是王蒙的生日，二〇一三年十月，《读书》就张罗过王蒙八十寿宴暨新婚喜宴，加上沈公寿宴，在沪江香满楼合办的，寿联、喜联、鲜花、蛋糕，颇为热闹。这次不巧，定下十月十六日周五晚上的日子，王蒙和单三娅那时还在苏州，无法双寿同席了。按照三联拟好的名单，邀请赵一凡、李长声、陈冠中、于奇、俞晓群等老友，也都各有不巧，不是在外地、国外，就是在隔离中，连同孙晓林和吴彬也都有事脱不开身前来。

最后参加的是潘振平、朱伟、赵丽雅和"家长"李志仁、赵珩、徐时霖、肖启明、陈义望、沈懿、白杨，加上沈公和我，一共十二人，基本是三联祝寿家宴了。请赵珩先生帮忙点了菜，大家轮流给沈公敬酒祝寿，他要喝啤酒，沈懿不让，他说就让我最后喝一次吧，这才给他杯子里倒满啤酒。当时大家也没多想他说的"最后一次"几个字，只是明显感觉沈公再也不是以前酒席上谈笑风生、调侃不断的状态。席上到最后献花、上蛋糕环节，赵珩先生送给沈公的鲜花，上有写着"鲐背之庆，更望期颐"的贺卡。赵丽雅给沈公献上簪花小楷手书宋人魏了翁《满江红》，收束语"且闲中、袖手阅时人，摩今古"，颇为贴切。新加盟三联不久的副总经理陈义望，以手书沈公最喜欢的东坡词《定风波》（莫听穿林打叶声）献给沈公。

去接他赴宴时，是一辆别克商务舱，没想到扶着他上车那么艰难，扳着腿都半天上不去，感觉比那次我扶着他过护栏还费劲。寿宴设在沪江香满楼的二楼包间，看着楼梯犯难，我说我来背着沈公上去吧。沈公不让，还好里面远处有电梯，我们便搀扶着他慢慢走过去，坐电梯上去。寿宴后送他回去，就改用底盘更低的小车送他了。

寿宴上的照片发给几位好友，都说沈公消瘦得厉害，快脱形了。一边想着明年沈公九十大寿要好好庆祝一次，一边心里难过，不知还能和沈公一起吃几次饭喝几次酒。

没成想，这就是我们和沈公的"最后的晚餐"，也成了沈公最后一次寿宴。

寿宴之后，沈公第二天就住进了协和医院，确诊肝癌，晚期。处理了肝腹水，只住了一个多星期他就闹着要出院。十月二十八日出的院，第三天就背着包来三联自取样书了。我听到他在《读书》编辑部的大嗓门，赶紧安排车送他回去——这次是两个司机照顾他回去的。

没想到，这是沈公最后一次到三联。这座编码为美术馆东街22号的三联大楼,还是沈公四处奔走,化缘求人,才最终建成的。一九九六年三联终于结束了十年漂泊流浪史,迁入新楼,韬奋图书中心开业,那时沈公已经正式退休,没有在这栋楼里上过一天班。但他和范用先生一样,在三联离退休员工中,是唯二把这里当成第二个家、有事没事都经常过来转转的老人。

十一月家父病危,去世,来回奔波,让我痛感"六〇"后的一代人生到了下半场,面对的就是越来越多、越来越频密的告别和伤逝,亲人、朋友、前辈,无力留春驻,忍看秋叶飞。这般衰景凋年,真是不由得人不伤怀。

十二月和沈懿联系,说沈公生活基本自理,每周还能有两三次下午自己外出溜达。他胃口不好,体力减弱,但并没有全天卧床,沈懿说,比较稳定,一切尚可控。远在美国的沈双还在办签证,因为疫情管控,签证也不容易,年内怕难以回国了。我安慰孤悬海外的沈双说,只要顺利度过北京这个对老人特别不友好的冬天,到了明年开春,沈公一定又该花红柳绿了。

转入新年,一月九日周六,来店里加班。沈懿突然联系我,说沈公可能癌转移到脑部了,可能有些肝性脑病了,在家大声呼叫"姐姐",好像不是很认识她是谁,估计在家里快管不了了，得给他找个医院。说他现在倒不是疼痛，只是像发酒疯似的大喊大叫，也影响到左邻右舍。一般医保医院，这种情况，很难住院收治，想三联隔壁的隆福医院是老年病医院，不知能否联系住进去？我当即转告店里班子紧急磋商，联系隆福医院的院长、副院长，准备第二天就住进去。还想着医院在三联边上，沈公住进去，安排我们自己的员工排班去陪伴照顾他也方便。

不料第二天早晨七点，收到沈懿发来消息，说沈公走了，现在同仁医院太平间。

成为沈公，化身脉望

一月十四日上午在八宝山殡仪馆兰厅，和一起来送行的亲友最后一次看望躺在鲜花丛中的沈公。兰厅摆满了上下两排的花圈，我一一理着挽联，花圈一共是99个。这是大数，久久谐音寓意也好，沈公一生事业，嘉惠后世，天长地久。

在和讣告一起发放给来宾的《出版家沈昌文》中，我罗列了沈公的个人著述："沈昌文同志从事出版工作七十余年间，笔耕不辍。在上世纪五六十年代翻译出版有《书刊成本计算》《控诉法西斯》《列宁给全世界妇女的遗教》《阿多拉茨基选集》等多部俄文译作。退休后出版了《阁楼人语》（二〇〇三）、

《书商的旧梦》(二〇〇七)、《最后的晚餐》(二〇〇七)、《知道》(二〇〇八)、《八十溯往》(二〇一一)、《任时光匆匆流去》(二〇一一)、《也无风雨也无晴》(二〇一二)、《师承集》(二〇一五)、《师承集续编》(二〇一六)、《师道师说：沈昌文卷》(二〇一六)等著述作品。"沈公和范用先生一样，都是为人作嫁衣，做书编刊，躲在幕后端茶倒水拎包，为前台的作者服务，只是在退休后才开始写作出版自己的书。

兰厅内外立柱上的两副挽联，分别是陆灏携手赵丽雅、王为松定稿的"读书无禁区，宽容有情有爱，终圆书商旧梦；知道有师承，溯往无雨无晴，俱是阁楼人语"，顶格用足了兰厅挽联上限的十七字，涵括了沈公的主要著述事功；吴彬联手冯统一拟就的"薪尽化身老脉望，火传成就新三联"，工稳浑成不说，十四字也凝缩概括了沈公最后四十年的功业。

摊开沈公被读书人称道不置的晚年十书，想起博尔赫斯的"天堂图书馆"，相信即使天堂没有图书馆，以沈公的执着和能量，一个人也会造出一座图书馆来。不过，比起他的人生成就来，沈公自己的著述反而显得微不足道。他的人格、形象、魅力以及他倾力塑造的引领八九十年代读书界潮流的《读书》和三联书店，无疑才是沈公在身后掀起铺天盖地悼念潮的主因吧。

一九五一年进京进入人民出版社,是他进入出版界之始。其后的七十年出版生涯,可分三个阶段:前面三十年,他是人民出版社的沈昌文。中间是一九八〇年成为三联编辑室主任兼《读书》负责人,到他一九九五年十二月三十一日退休的十六年,是沈昌文成为沈公时期。三联一九八六年恢复独立建制之时,他是第一任总经理。手下只有分出来的二十九人的队伍和三十万元分家费,到处流浪打游击办公。好多书留在了人民社,带不出来,靠着白手起家,他出版了《宽容》《第三次浪潮》《情爱论》和"现代西方学术文库"中的一大批著作,在学术文化界引起巨大反响,这时期的沈公把"在京海派"的出版风格和特色,发挥得出神入化,堪称他人生的华彩乐章。最后是一九九六年开始的二十四年,沈公化身脉望,在《读书》和三联之外,又开辟出一片出版新天地,游走于沈阳的辽教、北京的大块、海豚、草鹭之间,漫步在"书趣文丛""新世纪万有文库"、《吕叔湘全集》、"两海文库"和《万象》杂志之间,出没于北京到上海的饭局和书店、咖啡馆之间,随身带着"沈公三宝"——装满深夜网上潜水成果的U盘、装着作者通讯录和京城饭店联系信息的PDA、双肩背包。先是骑着自行车到处跑——那辆破自行车,能被他这个六七十岁的老头儿骑出风驰电掣的感觉，他能从南小街骑到望京去和作者吃一顿饭。后来自行车骑不动了，才改为挂着老年证坐公交，满北京城到处转悠。

前年沈公八八米寿，三联同人签名贺卡，我借用了王蒙的大哉四赞，"大哉沈公，吃喝玩乐扫地僧；快哉沈公，谈情说爱老顽童"。王蒙的原话是"大哉沈公，无所不通；大哉沈公，无所不精；大哉沈公，嘻嘻松松；大哉沈公，随心所欲"。

扫地僧和老顽童之外，在出版江湖和媒体圈广为人知的沈公外号还有很多，下岗职工、交际草、不良老年、问题老年……他平时说话能不正经就尽可能不正经，就算是在他自己的回忆录中，自嘲、自黑与调侃也比比皆是。他经常拿我们这些人开玩笑，吴彬一会儿是"吴彬阿姨"，一会儿是"吴彬奶奶"；见到董秀玉张口就说"我爱董小姐"；参加《读书》活动时，说"走了三个编杂志的，来了三个编书的""郑勇不勇，卫纯不纯"；作为书店活动嘉宾，他开口就是"各位叔叔阿姨好"。二十年前我们张罗过两场赵珩先生的《老饕漫笔》等七八种饮食文化图书的活动，邀请他和范用、赵珩、黄集伟、汪朗、张越等做嘉宾，先在西单图书大厦，后在三联韬奋图书中心。活动的名字叫"装在胃里的文化"，沈公上来就说"我看错了，还以为是'装在文化里的胃'，所以才来参加……"读者顿时一片大笑。这些大家都习惯了，也都不以为忤，因为知道他的谑而不虐，其实很有分寸感，也是因为他自黑更过分，不用别人扒他野史，他自己就一五一十地抖落出来：私刻公章，伪造假文凭，做假账，这些上海滩"小赤佬"的斑斑劣迹，他不说，谁会知道？他的如此自我贬损，自我污名化，甚至自我丑化，可说无所不用其极，恨不得给自己贴上一张"我不是一个高尚的人，我是个低级趣味的人"的标签。鲁迅说的"我的确时时解剖别人，然而更多的是更无情面地解剖我自己"，这里的解剖换成嘲讽，大致就是沈公晚年的写照。

　　沈先生从来不讳言自家学历低文化浅，调侃自己不是什么知识分子，只是一个"知道分子"而已。这降低身段的低调，恰恰使得他没有门户之见，做书也好，办杂志也好，可以做到兼收并蓄，最终成就了三联和《读书》的格局与气象。他主持《读书》杂志那些年，一直为人们怀念，原因固然很多，值得关注当代出版的研究者探讨。王蒙先生专门拈出"无能、无为、无我"的"三无"办刊经验，加以申说。沈公自己写过的两万字长文《出于无能》，对《读书》最为辉煌的一段时期（一九七九——一九九五）的史事评述甚详。这都是我主持《读书》期间反复研读揣摩的前辈"秘籍"。在后人看来，沈公时期《读书》最不可及处：一是作者阵容，他发掘出了那么多的老作者，犹如"重放的鲜花"，同时提携成就了更多的新作者和年轻作者；二是《读书》文体风格，这就是赵丽雅用两个字概括的《读书》文章特点，"好看"。

阁楼上的光，依然亮着

一帮老友站在八宝山的寒风里等着给沈公送行，互相安慰着，沈公一定更愿意看到我们快乐地为他送行。只是当第一次，也是最后一次见到沈公遗体时，眼泪还是止不住地流下来。晚上我请为沈公后事忙碌了多天的三联年轻人吃饭，专门选了沈公常去的大槐树烤肉，那里最符合沈公喜欢的脏兮兮的小馆子的条件，他介绍时还要刻意强调"公共厕所对面"。以后想念沈公时，就还来这里。

沈公有两幅广为人知的漫画，一幅是他用废纸印着"废纸我买"的名片上的，那个乐呵呵的老头儿，背着个双肩包，拎着两大捆书，这是沈从文的孙女沈帆在沈公七十五岁时给他画的；另一幅是他八十岁时，陆灏为他工笔绘就的，用于在三联书店咖啡馆举办的庆祝沈公八十大寿暨进京六十年座谈会。

设计沈公生平时，我们放弃了传统惯用的让人压抑的黑色,而选择了彩印。封底十二张图片,除了两张漫画外,其他的沈公照片几乎都是乐呵呵地透着喜庆。我们不想让那么快乐、也给这世界带来那么多快乐的沈公,留给大家一个沉重的印象。构图上我设想的是挽联环绕的纪念碑形象,《读书》、沈公的书和书房这三张最能体现沈公生命世界三部分的照片,组成宽阔的基座,中间是沈公各个时期的照片组成厚实的碑体,碑顶是陆灏画的漫画肖像。

我原来以为,二〇一九年八十八岁的沈公是他人生的华彩乐章。前些天又想,不对,他的去世才是出人意表的高光时刻。现在想,去世还不能算是,他留给这个世界的遗产才是,他去世后的无尽岁月才是:"先生之风,山高水长。"

吴彬回忆,沈公习惯于每天黎明时分就进办公室,晚上很晚才离开。她有时在附近剧场看完夜戏回家,从路经的公交车上抬眼望去,仍能见到沈公办公室窗口的灯光。吴彬说,这是三联从范用到沈公,再到董秀玉三代掌门都有的癖好。

沈公退休那年,我进入三联。之后这些年,那三位掌门人窗口透出的灯光,也一直照亮着我的道路,让我得以走到今天。

我愿意相信,阁楼人虽已远去,阁楼人语却依然在读书人心里回响，阁楼上的光也会永远亮着，让更多人的路走得更远更宽广。

沈公，愿你在那个世界里安好，也无风雨也无晴。

沈公，我们永远怀念您。

二〇二一年一月十七日，初稿于沈公辞世头七

八月二十九日定稿

沈公的幸福

祝晓风

（出版人）

今天是二〇二一年一月十日。清晨，一位爱书、爱美食的老人在睡梦中安然辞世。他曾给这个世界带来了一份儿温情，还有笑声和智慧之光。上午快十一点，沈公昌文先生仙逝的消息开始在微信朋友圈刷屏。这个消息，是今天出版界、文化界的主题，相信也会成为二〇二一年业界的重要话题之一。这篇小文既然是应《中华读书报》之邀而写的，还是从《中华读书报》和《读书》说起吧。

一九九五年上半年，我还在《光明日报》记者部当编辑，但已经被《中华读书报》总编辑梁刚建慧眼识樗，揠苗助长，以特约记者名义为《中华读书报》效力了。当时主要在一版写"热销书追踪"专栏，两周一篇，综合报道。《中华读书报》

刚创办那几年，同事关系融洽，没大没小。一把手的局级领导大家都直呼其名，就叫刚建。后来了解了一点儿《读书》的历史，发现《读书报》的这种状态可以与《读书》杂志的没官没兵相媲美。以前曾有业界朋友说，一个文化出版单位，一般来说，凡是有说有笑、没大没小、气氛融洽的，就是在向上走；反之，则前景不明。

《中华读书报》因为是专门报道出版界和学术文化界的报纸，自然就与各大出版社和学术机构来往密切。这年十一月初，《读书》杂志的前辈吴彬找我，说他们搞了一个"双周读书讲座"，每隔一周的"大周末"周六下午，借用商务印书馆的二楼小礼堂，举办公益性的学术讲座，让我去报道。所谓"大周末""小周末"，就是当年从一周六天工作日向一周五天工作日的过渡期，隔一周才有一个周六、周日连休的周末，是谓"大周末"。这个时候，还是沈公当《读书》主编，所以这个"双周读书讲座"当然是有沈公的主意了。第一讲请的李慎之，沈公亲自到场讲了话。我写的报道题为"良心不泯天理声——李慎之谈中国哲学的复兴点"，发表在十一月二十二日二版。后来连续有李学勤、郑也夫、高希均、樊纲等来讲，我也坚持一个不落，连续采访、报道，以《学者近日谈》为栏目名，在《中华读书报》连续发表，就产生了一定影响，自然也应该会给三联书店和沈先生留下一点儿印象。一九九九年四月十日,《读书》杂志开创刊二十周年的纪念会,我又作为记者,应吴彬之邀来了,写成一篇报道,发在《中华读书报》一九九九年四月十四日第一版。所以,相较其他读者和作者,我与《读书》又多了一重记者的关系。那前后几年,我也在年底参加《读书》的作者年终聚会,联络了不少学者。

如果再往前追溯,沈昌文先生和南开大学中文系还有缘分。二十世纪八十年代中期,南开大学中文系创办全国第一个编辑学专业,曾聘请沈先生做兼职教授,讲中国编辑出版史。当时,南开编辑学专业开过"三联书店史研究"的课,每个年级大三时都要到北京三联书店实地学习、实习一个月。

蹭沈公的饭局,则是一九九八年以后,那是沾了葛剑雄先生和王为松先生的光,有记忆的至少三次。虽说如此,但是与沈先生终究不熟,还是隔,总觉得沈先生经历丰富,见识超凡,还有在出版工作的实践经验各方面,都比我们这一辈小年轻高出不知多少倍。前几年,因为工作关系,与沈先生多了一点直接交往,同时,也因为工作需要,我不得不认真学习前辈的经验。二〇一五年九月,我把我的两本小书送给沈先生。过了两天,我在桌子上见到一个大纸袋,打开,是沈先生签名送的两本书,一本书中夹了沈先生手写的一张纸条:"晓风兄:赠书正在拜读,非常有意思,十分感谢!想到你可能手边没有我最近出的自传性回忆录:《也无风雨也无晴》,现在送上一册。这里讲的我的情况,特别是'三联生涯',比较完整。敬请教正!沈昌文 二〇一五年九月十七日。"在这前后,我把以前买的沈先生的书也都找来重新读。这一读,角度不一样,感受就和以前大不一样。果然,书中见四谛,有真经。

沈先生以"无能、无为、无我"之三无心态而成其大,本身就非常值得研究,值得学习。沈先生待人真诚、热情、谦逊,而且极具平等精神。做出版,在文化第一、质量第一、读者第一之外,给出版人的另一个启示则是务实。但务实之中,他其实又有思想、有眼光,两者结合,让人感到的却是朴素、含蓄而又自然。这些,通过《读书》,通过三联书店的无数好书,影响了许多人,为我们这个社会带来了活泼健康的精神气质。沈公的这些成就、感悟、做事风格,也不是天生就有的,也是在现实中一点一点积累的,一天一天养成的,也是被环境几十年磨出来的。吴彬认为,沈昌文的学识是大家可以达到的,但他的人生智慧,他做人、做出版社总编所积累的那种智慧,却是很少有人能够达到的。——"其智可及,其愚不可及也。"这是何等境界!一个人能达此境界,本身就是一福。

读了这些书之后,我还有个感觉,沈先生最大的幸福,就是他这一辈子做了他最喜欢做的事情,而且在这工作中,他把他的天赋与长处发挥到一种极致,建了不少事功,成就了自我,也得到了莫大的乐趣,收获了无数纯真的友情和无数读者的热爱。我们应该为他高兴。

沈先生晚近这几年,曾对三联他比较熟的老同事说,他该写的都已经写了,该出的书都已经出了,唯一的心愿,就是善终。十多年前,我编《中国社会科学报》,发过一篇一万多字的长文《百年中国人口》,作者宋健先生就是两院院士、国家科委主任宋健。文章有一段探讨"幸福"问题,概括说,人有五福,"健康、长寿、富裕、仁德、善终","健康长寿享尽天年是至福"。从这点来看,沈先生也是有至福的。尽管他的离开让我们感到无边的失落与伤感。

二〇二一年一月十日

拈书微笑"白相人"
——怀沈昌文先生

杨 渡

(文字工作者)

一九九〇年初遇沈昌文先生,是在天伦王朝饭店的咖啡厅。两个年轻女子的钢琴与小提琴协奏曲,在宽广挑高的大中庭里回荡。我帮朋友送一本台湾版的书和稿子给他。那时他才六十岁,却装得像个小老头儿,穿一双老布鞋,骑着自行车,弯着腰,客客气气,喝着咖啡,问我为何来大陆。

我说,一个记者身份,来大陆采访。可是有许多事总是不了解,特别是大陆的民间社会,如此深广,两岸虽然都是使用中文,但有些语言,有听没有懂,有些行事,不知什么意义,有些思维方式,是另一种模式,台湾要了解大陆,一切要从头学起。

他微笑着说:"例如什么事,你觉得是两岸不同的?"我随口说了自己的一些困惑。沈公安静地听着,想了很久。"我得回去好好想想,再来跟你讨论,我也不一定能给你满意的回答。"他客气地说。

后来我才了解沈公的思维方式。他是一个不喜欢套用理论术语的人,虽然他认识的学人甚多,理论大师更有不少,但他总是把高深的理论,转换为生活的语言。他善于看见问题的核心,再用最简单的平凡语言,一语道破,这真是沈公的特殊才华。

沈公于是成了我在大陆采访的百科全书式的指引者。我是爱在寻常的生活中自寻苦恼、胡思乱想的人,所以许多问题他也不一定有答案,但他一定能帮我找到合适的学者、专家,去做访谈。有些我困惑,却无处解答的事,他往往有更深入的见解。例如,我问他何以大陆总有盗版书,地摊皆有,人尽皆知,却无法取缔。他以三联书店的故事举例说:蔡志忠的漫画、金庸的小说都卖得很好,常有盗版,他想尽力去取缔。结果追到了浙江的一家印刷厂。那厂子是乡镇企业,当时乡下还贫困,企业只能靠盗版维生。沈公眼见他们的困境,再取缔便于心不忍,于是放弃追究。

一件小事,可见出当年改革过程的艰难。沈公也教会了我,同情的理解以及谅解。

不知是相处久了,或者是他有一种对人的直觉,他总是能轻易就知道会跟我合拍的人。他认为,王世襄是一个调皮好玩儿的人,文化底子深厚,生命故事丰富,非要我认识不可,便相约一起去吃宁波菜。

王世襄的精彩自不必说了,席间沈公谈起菜色,举凡呛蟹、泥螺等地道小吃,那眉飞色舞,让我看到了当年上海银楼小学徒的本色。当然,呛蟹下黄酒的同时,王世襄也不惜以他少年放鹰的故事佐酒,两个少年,一夜笑闹不已。

二〇〇一年后,网络开始使用。大陆出现网络论坛,沈公也在其间玩得不亦乐乎。一度,我无法理解大陆网上的热点与话题,于是问道于沈公。

这沈公,真是奇葩!

他不仅用 Email(电子邮件),保存了友人转来的各式讨论,也将网络上他认为有价值的文章,一一存档下来,还怕网上遗失打印留存。这些材料他整理得有条不紊,一档一档,分类清楚。许多崭新的主题,他都注意到了,简直不可思议。

更妙的是,他长期注意年轻人的想法,所以年轻作者之中,举凡有才、能写、有观点、有思想、有特性的人,他都能一一列举,还常常介绍我去结识。我非常喜欢沈公的那种风度。他可以微笑着看我们争论到面红耳赤。不论大声小声，他都乐在其中。

一九九〇年到一九九五年，是我想采访大陆做一个趋势性探讨的阶段。因为我的问题与关注焦点太大，要如何采访就需要时常就教于沈公。沈公总是不负所望，能帮我找到最适当的专家学者，从经济、政治、文化、艺术等，无论什么领域，他都有人脉。当时，我完全习惯于他的这种能耐，有求必应，不以为异。于是放心追寻，探索各种课题。后来才悟出：殊不知，那整个《读书》杂志的作者群、学术群，正是沈公才能给予我的最好的学术资源。那是我何其幸运的人生际遇。

最让人感到不可思议的是，他总能知道什么人是什么味道，什么人是可以和你相交的，因此还会特别为你介绍，将你们放在一起吃饭喝酒。一些他介绍给我的朋友，大家竟能一见如故，成为一生的莫逆之交。这种对人性的直觉，总是让我想起上海的"白相人"三个字。虽然这个词另有其意，但是就字面而言，成长于上海当银楼小学徒的沈公，是不是自小就练成了这种"相人"的本事呢？"相人"于是有了更深的底蕴，那是会"相人"的眼睛，"相"到一个人的性格与本心，于是人性清晰，世事洞明。

若说"世事洞明皆学问,人情练达皆文章",则沈公的学问、文章之深,笑谈人间之从容,让人心折。这样的人恐怕我今后再也不会遇到了。

沈公七十岁做生日的时候,我恰在北京,有幸参与盛会,当时写了一首打油诗,戏称他是"老来学嬉皮",他不以为忤,还找人画了漫画,挂在墙上,悠然自得。退休后的他,依旧骑着自行车,摇摇晃晃过街市。我曾和他笑称,以后若退休了,便要学他,当个老嬉皮,骑一辆自行车,满大街找旧书铺子、乱翻书地过日子。他笑而不答,只斜眼看着我。

如今,他便也骑了自行车,去另一个世界溜达了。想象他仍背着书包,带着包容理解的微笑,看人间争论,看世情起伏,拈书微笑,了然于心,沉静不语。

然而沈公,我对这个世界,仍有许多不解,还想问一问你,以后,可以去问谁呢?

沈公的晚年

朱立利

前记：二〇二一年一月十日，沈昌文先生去世，不久三联书店开始张罗为老人家出版纪念文章。五月间编委会开会，谈到沈公晚年与俞晓群总和我接触较多。俞总的文章《没有沈公的日子》已经收入其中了，编委会希望我也写一篇纪念文章。我与俞总商量：沈公去世前十年，即二〇〇九至二〇二〇年，发生了很多事情，有些与工作有关，更多的是生活中的琐事，零零碎碎，正经写起文章来，很难收入其中。那就采取断想的形式，我邀请俞总一起回忆旧日的时光，把这些故事串起来。其中有许多沈公的生活细节，很值得记忆，也是读者很想知道的一些事情。

俞晓群：说到沈公的晚年，应该如何界定"晚年"的时限呢？在我的观念中，大约是在二〇〇九年。这一年七月，我来到北京海豚出版社工作。上班后的第二天中午，我约沈公小聚。北京的七月很热，沈公找了一家小酒馆，我们面对面坐着喝冰啤酒。他对我说："如今我已经年近八十岁，做不动事情了，最多只能帮闲。再说海豚出版社是一家儿童出版社，我们还能做些什么呢？"我说："您不老，我做事情还需要您的领导。现在我常住北京，见面方便了，我会经常来拜访您。海豚社的工作，容我慢慢安排。"到了年底，一天中午与沈公小聚，我说要接续"新世纪万有文库"，在海豚出版社出版一套新的文库，也就是后来的"海豚书馆"。沈公说："可以啊，但要去上海把陆灏请出来。不过我年龄大了，现在出门需要白大夫批准。"我跟白大夫通电话，白大夫说："老沈去上海可以，但要约法三章：一是住酒店要暖和些，二是老沈喝啤酒最多一瓶，三是以后老沈出门，除了上海，其他地方就不要去了。"白大夫的嘱咐我一一答应，后来白大夫又来电话说："你是领导，工作太忙，以后老沈的事情，让你的助手跟我联系就可以。"说到我的助手，最初是李忠孝，他原来是辽宁教育出版社总编室主任，来到海豚出版社做总编室主任，经常跟随我跑来跑去。每次因公出差，他都要事先给白大夫打电话请示，批准后才能安排行程。后来李忠孝担任海豚社社长助理，事情太多了，身体又不太好，家还在外地，因此行政办公室主任朱立利参与进来，协助我们的工作，还要管理沈公的一些事情。大约从二〇一三年开始，一直到沈公去世，沈家的大事小情，经常会找朱立利来做了。

朱立利：我原来在首钢工作。二〇〇九年底，来到中国外文局海豚出版社，做行政办公室主任。我认识沈公很早，但真正接触大约是在二〇一〇年。当时沈公几乎每天都会来海豚出版社，他早晨从家里出来，先走路到三联书店取信看书，然后乘101路公共汽车，到百万庄大街外文局站下车，十分方便。最初他经常到总编室去找李忠孝，有时李忠孝忙不过来或不在，他就会来行政办公室，我专门为老人家摆放了沙发，陪他喝茶聊天。后来李忠孝做了社长助理，不在总编室工作了，我的办公室名正言顺成了沈公的第一落脚点。他有时来休息，有时来取书信。我不在办公室时，怕沈公来时无处落脚，就一直开着办公室的门。沈公经常自己走进来，外间的工作人员给他沏上茶，他在那里翻看我架上的样书，见到哪本需要，就会放到他的包里，留下一个纸条，写道："老朱，书我拿走了！""老朱，你不在，取走几册样书。我们很久没聚了！"这么些年，我一直留着这些纸条，大约有十五六张。

日常我还帮助沈公安排一些具体的事情，比如找编辑谈书稿、为新书签名钤印、寻找他需要的书、安排各种活动等。记得有一次,我陪沈公去编辑室为新书签字。签好书后,年轻编辑们都站起来为沈公送行,沈公见状笑着说:"谢谢你们,我送给你们每人一本书,欢迎你们将来参加我的追悼会。"小朋友们愣在那里,都不知道怎么回答了,只能站着傻笑。

俞晓群:我在海豚出版社工作了九年,其间,沈公重点参与了两件事情:一是组织策划书稿,有出版社的书稿,比如"海豚书馆""几米绘本""蔡志忠漫画系列"等;还有他自己的著作,我们确定,每年为他老人家出版一本书,有《八十溯往》《也无风雨也无晴》《师承集》《师承集续编》《阁楼人语》等。再一是参加各类文化活动,请他老人家站台助威,每年八月的上海书展,他都非常乐意前往。到那里参加他自己的新书发布会,还参加"两海会",即上海书店出版社与海豚出版社的联谊会,介绍"海上文库"与"海豚书馆"。再如海豚出版社每周在北京的新书发布会,他一般也会光临,坐在嘉宾席上,讲一些鼓励的话,表示对我们的支持。还有拜见一些知名作者,比如蔡志忠先生,我通过台湾大块出版公司,出版蔡先生的著作,却一直未能见面。那时蔡先生长期在杭州居住,沈公是蔡先生的老熟人,他亲自带着我们去杭州,与蔡先生见面。

朱立利：沈公出差，一路照料，一般是李忠孝或我的责任。沈公最喜欢去上海，或者说他晚年只去上海，请他去其他的城市，他都会说："我年龄大了，走不动了。"或者说："白大夫不同意我去。"借口推掉。比如二〇一一年"三老集"出版，其中有沈公《八十溯往》、钟叔河《记得青山那一边》、朱正《序和跋》，出版后湖南熬吧书店组织座谈会，请沈公、俞社长参加，都没能成行。他晚年除了去上海，大约还去过深圳，胡洪侠为他过生日。上海就不同了，一年去上一两次，沈公都会欣然同意。到了上海，沈公马上兴奋起来，故地重游，故友重逢，他每天一有空，就独自一人，在老街道上四处游逛。最初几年我们还没在意，后来沈公的耳朵越来越背了，我们又盯不住他，一会儿人就没影了。我们担心起来，因此再出门时，要请家人陪伴，沈公的女儿沈懿、沈双，还有外孙谭肖都同行过，他们了解沈公的习性，还可以随时向白大夫汇报告状。这样一来，沈公老实了很多，过量饮酒、擅自出行等行为，也有所收敛。

当然沈公在外，还是有失控的时候。记得二〇一五年，他带着我们去杭州见蔡志忠先生。当天晚上，蔡先生请我们吃日本餐，喝日本清酒。一直喝到下半夜，沈公实在挺不住了，又不肯在蔡先生面前服输，躺在日式的地板上睡了一会儿，爬起来还要喝。回到了酒店，他又对我说："我明天早晨去西湖走走，你们不要管我。"吓得我一夜无眠，第二天早晨三点半钟，我提前下楼，站在酒店门前等候。到了四点钟，沈公兴致勃勃地走了出来，见到我还说："你怎么一直站在这里，没上楼睡觉啊？"

俞晓群：我们都知道，沈公有一个书房，号称"二房"，里面有很多积攒多年的重要资料。后来我们为他编书，许多内容都是从这里整理出来的，比如《八十溯往》《师承集》《师承集续编》《八八沈公》等。他几次对我说："我陆续整理出很多资料，有时间你让老朱过来一下，把资料拉走。"一直到二〇二〇年，我们希望翌年再为沈公出版一本文集，八月份去上海书展首发，庆祝老人家九十岁寿诞。沈公说："我老了，实在弄不动了，还是让老朱来我的书房，把相关的资料拿走吧，你们自己先整理。"最终书未出成，人已离去，留下一段深深的遗憾。

朱立利：我们按照沈公的指示，从他的"二房"里，陆续取出来一些资料，都是我经手办理的。在海豚出版社编《师承集》《师承集续编》时，沈公交给我们两批资料。二〇二〇年，我们准备为沈公编九十岁纪念文集，我又去取来了几大箱资料，其中有与季羡林、李慎之、吕叔湘等人的通信。沈公已经按照人物的姓名首字母顺序，排列归类，整齐清晰。

俞晓群：二〇一八年我退休后，王强支持我们成立草鹭文化公司。王强一直说，中国出版家，他最看重沈昌文先生。说实话，我们能够得到商界的青睐，沈公的声誉与人品，起到了决定性的作用。二〇一九年，我们与浙江大学出版社启真馆合作，出版了《八八沈公》，接着重装了沈公的许多旧作，如《编辑手册》《师承集》《师承集续编》《也无风雨也无晴》《阁楼人语》《八十溯往》《知道》等。在几年的时间里，沈公忙着为新书拍靓照，忙着参加新书发布活动，忙着为新书、重装书签字。有时来工作室，有时来书店售书现场，直到去世前不久，即二〇二〇年十二月，他还在接待朱立利与年轻编辑们，为他的著作签字留言。

最近三年，我们几乎每月都要请沈公出来小聚一下。有一帮朋友，号称鲸鱼堂成员，有谢其章、徐时霖、于奇、陈冠中、张冠生、吴兴文、赵国忠、顾犇、安建达、王志毅等，轮流坐庄，选一家小酒馆，围坐在沈公身旁，嘻嘻哈哈，谈天说地。沈公不用车接车送，朱立利通过邮件发给他酒馆的地址，他就会定时赶来。喝上一瓶啤酒，吃上一份醉虾，说上几段旧事。直到疫情前，一次晚上小聚，沈公迷路了，晚了一个多小时才找到酒馆，当时把我们吓坏了，此后与沈懿约定，再请沈公出来时，一定要有人接送。

朱立利：沈公耳朵背，不愿意接听电话。开始他只接邮件，每邮必复。如果不回复，一定是有事情或者生病了。后来说不清什么原因，邮件不顺畅了，沈公时常说收不到，只好改由我与沈懿通电话，约好与沈公见面的时间地点，沈懿转告白大夫批准，最后由沈公执行。自从他二〇一九年迷路之后，再出来参加活动，几乎都是我开车去接他。二〇二〇年十月十八日，沈懿打来电话，说沈公病了，让我出一趟车，送沈公去住院。见面时沈公连声说："我没事，过几天出来，你们还要请我喝酒。"不久沈公果然无事，很快出院了，我们又聚会了几次，还为他老人家祝寿。他兴致很高，主动要喝啤酒，餐后合影时还唱起歌来。但从沈公的面色与腿脚上看，老人家确实病了。最后一次见面是二〇二〇年十二月九日，我带着草鹭的两位编辑去沈家，请沈公来离家不远的一个小酒馆，一边喝酒，一边签书。开始沈公还很兴奋，不一会儿就累了，他说："对不起，我坐不住了。帮我拿着酒菜与书稿，回家去享用吧。"不久俞总要去沈家看望沈公，但小区里出现了疑似病例，不让陌生人随意出入，只好作罢。没想到这一别竟是永别了。

俞晓群：沈公九十岁离去，说是无疾而终，但我觉得，还是有两个因素的影响：一是疫情，他很久出不了家门，那样一位闲不住的人，如此限行，严重影响了他的精神状态。二是二〇二〇年七月，白大夫生病住院。在半年多的时间里，沈公的生活开始没有了依托与规律，虽然沈懿辛辛苦苦，全力看护，但沈公还是离不开白大夫在身边的关爱与关心。

朱立利：我们都知道，许多年来，白大夫根据沈公的身体状况，每天让他吃一大把药，还控制沈公每天的饮食。白大夫与沈懿对沈公无微不至的看护，我们亲眼所见，非常感动。白大夫与沈公同岁，身体一直很好，只是腿脚有些问题，头脑非常清楚。直到二〇二〇年四月，老人家还在给俞总与我看病，给我的家人看病，给我们开药方。二〇二一年九月，沈公九十寿诞之前，我们去看望白大夫，她坐在轮椅上，头脑还很清楚，见面就叫出了我们的名字。

俞晓群：我一直觉得，二位老人是世上最好的人。他们一生兢兢业业，辛辛苦苦，对人温良恭俭让，让我们由衷地敬佩，也是我们做人做事的楷模。他们的女儿沈懿、沈双，深得父母家传，处事平平静静，大方得体。最近草鹭文化组织出版《沈昌文集》，我们与她们商量版权的事情，沈双几次说："你们就像我们家人一样，都是我爸最好的朋友。编文集的事情听从你们的安排，我们没有意见。"

废纸·档案·感情
——"老沈"的私密空间

沈 双
（学人、沈昌文先生之女）

我父亲在一篇纪念陈原先生的文章中提到他们之间的交流常常要借力于外文。"同我讲外国话时多半是彼此工作中出现的无可奈何的事情。"何以"无可奈何"？按照我的理解是因为某些意义是在外语和母语之间产生的。比如，我爸写道："有时，我向他汇报，什么什么难事经过斡旋，总算解决了。……于是，他突然冒出一句爱说的拉丁文，'Eppur si muove!'（'它仍然转动着！'）"这个据说源自于伽利略的谚语，就此在语言之间产生了效应。"于是，每次听了这话后我都是信心大足，从容地准备迎接下一个春天的到来。好在我在出版界始终都是小人物，无论地球是否muove，在我的身子底下也没有火刑的煎熬。"（沈昌文《陈原的几句外国话》，

二〇〇四年十二月）

我爸很知道如何利用语言"之间"的空间来创造自己的意思。比如他曾非常得意地把"后现代""后殖民"等带有"post"的字眼，戏称为"邮政局派"的理论，这是重复过很多遍的笑话。除了嘲笑某种食洋不化的人（比如说他的女儿）掉书袋之外，仔细想想可能未必是在抖包袱。也可能"邮政局派"这样的用词直截了当地体现了他对邮政系统由衷的热爱和致敬。王强对他的描述是准确的——"思想的邮差"。只是我有时也纳闷：这"思想"是先于"邮差"而存在还是因"邮差"而存在？

编辑这个职业就是一种媒介。我爸在八九十年代《读书》杂志的工作，以及他的编辑理念经很多人包括他自己综合概括之后，已经被上升成某种"思想"。但是对我这样的亲人来说，我爸永远是一个无法被抽象化的具体的生命。他每天有好几个小时就是一个"邮差"，是自制名片上那个手里提着两包校样的笑呵呵的废纸搬运工。

经历了二〇二〇年一场史无前例的新冠肺炎疫情，我们已经没有办法用既有的话语叙说国与国之间、人与人之间的联系了，因此才会出现类似"社交距离"这样似是而非的新字眼。我爸在这个节骨眼儿上辞世而去，我觉得这就如同一个足智多谋的"邮差"拒绝继续扮演"媒介"的角色,不愿意帮助我们重新建立和睦的关系了。我爸的死伴随着这个世界的断裂,反而让我重新思考"媒介"这回事儿。当我终于能够走进他的房间的时候,看到散落在书桌上的剪报,看到整理了一半的书籍,看到他的眼镜、放大镜、胶棒,我总在想,这个"邮差"想要传递的最后一封信是什么?他当时脑子里在想什么?

哲学家阿多诺曾经参与编辑了朋友本雅明的书信集。他在序言中说道:"瓦尔特·本雅明这个人从一开始就完全是他的工作的媒介。"(Walter Benjamin the person was from the very beginning so completely the medium of his work.)有点拗口,但是仔细想想说得通。按照惯常的思维,工作是一个人赖以生存的手段,所以工作是人的"媒介"才对。但是在阿多诺的眼里,本雅明的生命反而是一个"媒介",因为它是"一个为了使得某些内容得以在语言中呈现出来的场域"("an arena of movement in which a certain content forced its way, through him, into language")。在这里我要向我爸道歉:在此搬弄外文并不是要做"邮政局"的事儿,而真是觉得没有比这几句英文更能准确地表达我对父亲生命的阐释了。我爸一辈子停不下来,比如一九九七年他在与黄集伟的对话中,曾形象地说道:"我今年六十六了,我发觉我的经验、知识,还有精力三方面到了我一生的巅峰……下午我总是到北京图书馆去看书去,我老是骑车。我老是在想:我要是骑到半路骑不动了,我打的吧。可我没一次骑不动过。有时候骑到了,我还想骑到北大去看看万圣书园吧。"(《四十七年的喜悦与两个小时的孤独:黄集伟与沈昌文对话》,《知道》176—177页)一个骑车骑到停不下来的人——这个略带滑稽的形象对他挺适合的。我爸的生命就是这样一个"活动的场域"(arena of movement),它的存在意义仅仅是为了使得"某种内容"(a certain content)冲破禁锢,得以表达。我们以前在家里时常善意地嘲笑我爸的邋遢外表,这包括年纪大了之后经常在手臂、腿上出现的血迹和伤口。这大概是他走在外面不小心摔了跟头留下的印记(注意,他对黄集伟只是说了骑车停不下来,并没有讲到中途是否摔了跤)。我妈在及时给他处理伤口的同时总是忍不住要骂上几句。我在一边时常纳闷:他怎么可以这样糟蹋自己的身体?身体对他来说到底是个什么东西?现在借用阿多诺的用词,我可以说,他的身体甚至生命根本就是一个"场域"、一个"媒介",若不是为了表达"某种内容",要这个"劳什子"有什么意义呢?

我是多么渴望他那滔滔不绝、得意扬扬略带浮夸的叙述,能够再一次像大雨一样把我浇个透啊!我曾经在这样的大雨里感到透不过气来，但是现在却非常怀念。有很长一段时间，大概也因为他逐渐耳聋，我们之间的交流有百分之八十是他一个人独白，讲他又见了什么人，有了什么新的策划。男人需要听众，尤其是成功的男人。只是现在我意识到，如果某个人的一生仅仅是他工作的"媒介"，甚至是"借口"的话，那么就让他畅快地表达这个"内容"，让自己暂且做一个被动的而又投入的听众，又有什么不可呢？现在没有机会了。只有他留下来的一些物件儿，或许从中能拼凑出"某些内容"。

一、废纸

我爸虽然喜欢把自己描述成与时俱进的"不良老年"，他实际上是一个离不开废纸、剪刀、糨糊、信封、曲别针的老派写字人。我上小学的时候被他带到人民出版社的资料室"打工"，最频繁做的工作是把用过的信封拆开，翻过来，制造新的信封。我对《读书》的最初记忆也是和纸张有关，有好几年，每个月的某一天他都要伏案看稿、写字熬一个通宵，早晨一摞整整齐齐的校样，用一根尼龙绳牢牢地绑在自行车后座上，这就是下个月的杂志了。这样的记忆使得多年之后看到谁在书桌边写字裁纸，动用剪刀糨糊，都会令我怦然心动，引起无限的怀旧之情。

他去世后，家里还有不少到处收集来的成捆的校样。那是用来给我做剪报用的。剪报——这是十几年来我和他之间最主要的交流方式了。他听力日益衰退之后，已经不大可能在电话上与我进行长时间的复杂的交谈。于是，每次打电话回家，他重复次数最多的话就是"我现在在替你打工"。他指的是最近十几年来他以我的名义做的最为勤奋的事情——制作剪报。

"以我的名义"是因为这项工作虽然因我而起，其实不能说是为我的意志而转移。我的确亲自促成了这件事现有的状况。本来他习惯性地把他读到的文章裁下来，贴在旧校样的后面，再连同几本杂志寄给我，这样做持续了有四五年。后来，我工作单位的秘书有点招架不住每周都会收到的跨洋海运包裹，委婉地提出可否减少包裹的数量。而我又一直担心老爸把退休金的相当一部分直接付给了邮政总局。于是想了想觉得最好的办法恐怕是说服他接受新的文件处理技术——扫描。

这个我爸倒是学得很快。他很快就学会了如何制作PDF文本，并存在电脑终端或者移动硬盘上。有趣的是，对于一个"旧媒体"出身的人来说，"新媒体"的出现并没有让他放弃一个老编辑的看家技术。他对于剪刀胶水的钟爱依旧体现在每一张扫描之前的底稿上。那是在废校样的背面，把杂志报纸上的文章裁下来重新排版而构成的。读报，分类列表，剪报，重新排版，扫描，之后存储到硬盘上，这个过程他重复了很多年，直至临去世前二十四小时。从某个角度甚至可以说是这件事情最后要了他的命：据家人回忆，他去世前两三天，执意要出门到拐角的小店里买胶棒，家人反复劝阻不成，终于导致感冒肝昏迷以致不治。在他所有扫描的历史中，我没有发现任何一页重新排版过的文字，有次序颠倒的现象，只是最后做的一些文档上漏掉了出处。这证明他的脑子从来没有退化到不能处理文字的地步。难道是另一个世界也需要文字？

也许可以看成是我对他"思想操练"（这个词据说是费孝通老先生对于不甘寂寞的老人参加文化活动的描述）的贡献，我曾经不时给他提出一些挑战：比如我要求他每份剪报都要标上出处和页码，或者隔三岔五地给他一个课题，要求他关注某个方面的信息。这些建议他都欣然接受并立即付诸实施。但是总体看来，他的剪报内容过于庞杂，范畴过于宽泛，并不能反映出明确的目的或者一以贯之的逻辑。这与其说是一个研究助理为教授完成的作业（我的同事们曾非常羡慕我有这样一个研究助理般的父亲，半开玩笑地提出"可否请他特别收集一下有关明史研究方面的信息"），不如说是一个"知道分子"沉浸于纷乱的信息中的自我愉悦。经常，我面对他交给我的庞杂而丰富的剪报，都在纳闷：他在寻找什么？他在整理这些资料的时候想的是什么？我并不能勾勒出即便是草蛇灰线似的踪迹。或许是我看得不够仔细。

我的结论是，沉浸于其中就是我爸做这个工作的主要目的。这件事情因我而起，却不以我为中心，甚至对他自己来说也未必有明确的目的。他曾经在某篇文章中写道，不编杂志之后他有时候会在脑子里假想与读者的对话。同样的道理，通过剪报来构造一个虚拟的世界才是最起始也是最终的目的。当然，做了一辈子的编辑，他是不能够独享这个虚拟世界的。我是第一读者，之后那些被重新排版过的粘在废校样背面的文章，又被他打包寄给了家里其他成员，于是我们这个小团体成了由他独立创刊并发行的特殊杂志的幸运读者。

我曾经试图模仿他的样子，在他订阅的报刊中寻找我认为值得搜集的信息，终不能为。在我看来，诸多报纸的长相都过于相似，语气和态度又完全可以预期。如何从中发现那些新的、配得上"信息"这两个字的内容呢？我终于没有我爸的耐心，更没有他"逆向阅读"的敏锐和洞察力，这个项目大概只能到此结束了。

二、档案

我爸搜集的所有文档内容并不都是如此庞杂的。有两类资料，他是非常仔细地分类，并有意识地收藏。一类是以八九十年代的《读书》杂志为中心的资料，包括内部编辑的《读书》通讯、海内外报刊对于《读书》杂志的评论，等等。这些我看到的只是扫描。原件他是否曾经拥有过，后来又到哪里去了，我不得而知。然而这个缺失，在我看来也传递了一种态度，一种对于价值的理解。我爸并不是不看重名人笔迹、作家书信，比如他会为了投其所好，把收藏的作家书信手稿"宝剑赠英雄"般地送人。但是除了市场价值之外，他相信这些物件儿还有其他价值。最起码这是个人的回忆。这些资料就是为了勾起一个念想，一个关涉他思之念之放不下的过去世界的物证。正如他并不认为旧媒介新媒体之间一定要互相排斥一样，不管是原件、复印件，还是电子版，对于记忆来说，可以起到同样的作用。

  关于收藏这件事儿，我爸求全而且十分"自我"。比如他的藏书经常以主题分类。取决于一时的兴趣，他会把一整类图书摆放在书房最醒目的位置。一旦某个类别得到他的青睐，这个主题的书，只会有增无减。不管是多么不起眼的出版物，只要被他发现，都会收入。而这种分类以及摆放的方式，完全取决于他的阅读兴趣，以致有几年暑假他到我这里（美国）小住，为了消磨时间，我给他布置了整理我书房的任务。结果我的藏书不只被他斥为毫无价值，因为太不完整外，而且之后的半年多我都找不到必要的参考书。

  我爸的另一类资料,更是为了再现某些邂逅、某些机缘而设立起来的。应该是在退休之后,他有时间经营他那个小小的收藏时,开始建立了一系列以人名来分类的卷宗。这些人包括他的作者、熟人,也有一些与他没有直接关系而属于公众人物范畴的人。内容大多包括了通信、稿件,以及与某人有关的消息。这些卷宗可能是由《读书》杂志而起,却未必以他离开《读书》为限。换言之,这些资料表达的不仅仅是怀旧,而是某种持续的关注。本雅明有一句话说得特别好:"书籍并不是因为收藏者而活了过来,而是收藏者通过书籍得到了生命。"(Not that they come alive in him; it is he who lives in them.)本雅明说的是书,我爸收藏的是人。我爸的这些卷宗当然不能赋予他那极其广泛而纷杂的朋友圈(很多人我都不认识)以鲜活的生命,如果说这只是搜集有关某人的资料,那就把收藏者的个人感情完全抛之在外了。准确地说,这些物件儿就是他的"微信朋友圈",他必须依靠这些故友新知才能继续存活下去。这也就是为什么这些卷宗从来都是他最宝贝的东西,很长一段时间被安放在唯一一个上了锁的柜子里。我爸曾坚定地说:这些东西我有用,要随时查阅。所谓"查阅",就是同老朋友对话,在这样的交流中活过来,体验自己的生命。这在我爸的老年时光中,应该是分量不轻的安慰。

我曾经好奇地翻过其中一些,当时感到很混乱,没有耐心。加上我走进他的书房大多是在七月份,酷暑难耐,空间逼仄,我知道它内容丰富,说它是一个档案库太冷冰冰了,这是要重现一个世界的架势。我若走进去,就必定要浸在里面,也许就此迷失走不出来也不一定。有了这样的顾虑我就从来没有仔细看过它们。现在则不禁对于这些卷宗最后的命运感到悲叹。

据说最近两三年来,我爸决绝地、有系统地把这些资料都打散,或分送朋友,或完全销毁。这是为什么?也许他已经预感到自己生命将尽了?是他心力不够了,没有能力召唤过去的魂灵了?欧洲神话中的奥菲斯(Orpheus)追到地狱里去索求爱妻的魂魄,却在即将踏出地府的时候回头看了一下,结果前功尽弃,终不能把爱妻带回人间。有一种解释是那时候他心旌摇荡了,不再能够专注于眼下的事情了。或许这就是我爸?我大概看穿越小说看多了,总是觉得那些花了二十年工夫积攒起来的资料,就是我爸的魂魄。当他去销毁它们的时候,就等于魂飞魄散,实际上他那时候已经死亡了。

三、感情

感情不是物件儿,但只能通过物件儿表达出来。如果我过分强调了我爸私密的一面，那只是因为媒体一般没有太多兴趣描述所谓"老顽童"的沈昌文独处时候的状态。只有亲人可以通过他的东西看到他十分感性的一面。他和他的书、废纸、卷宗的亲近就是和他自己内心的亲近，和过去的交流。这些东西也许有了新的主人，但是它所唤起的场景和氛围是没有办法留住的。

所以说，这些东西也是个"媒介"。我爸的感情表达必须要通过它们，他不会直截了当地告诉你什么。比如说他对我的看法要辗转地借助外人的叙述才能表达出来。扬之水在一九八七年二月十三日的日记中转述了"老沈"对于自己感情历史的叙述，谈到他与初恋"胡女士"的感情（我应该是在一九八七年之后才偶尔在我父亲的一篇文章里知道有这个人的存在的）。同时也转述道："老沈也曾在女儿心里占过一个中心的位置。但曾几何时，这个地位已经濒临危机了。那是沈双从美国回来以后，逢到晚间，老沈再欲与爱女做长谈，听到的却是恭敬地婉拒了，'爸爸，你早点睡觉吧'。"（《〈读书〉十年》[一]，41页）

这一段只不过描述了一个年轻人长大了出去见了世面必然的成长。本来已经被扬之水稳妥地安置在一个特定的历史空间里了。有趣的是，扬之水的日记出版后不久的二〇一二年暑假，我一如既往地到我爸的书房里翻看新书。他特地挑出这本，翻到这一页，略带愧疚地说了些什么，大概是道歉的意思。现在想起来意思好像是：这是过去的事儿，已经翻篇儿了，不要计较，等等。

我时常想，这个以扬之水日记的备注形式，表达出来的感情，到底意在何处？我觉得对于这个备注最准确的解释，是他在与亲人的感情交流中加的一个逗点，好像说话的时候喘的一口气，再说下一句。这个停顿，大概就是我们家最惊天动地的感情转折了。我们家的感情交流没有惊叹号，不构成任何事件。我爸对于亲人的依恋是他执着地至死都要书写下去的文章，没有句号（所以他因为出去买胶棒感冒致死的解释我是完全相信的）。以前我每次探亲结束回程的时候，他都要坚持送到机场，一个人在二楼遥遥招手，然后自己坐机场大巴回家。后来走不动了，总在最后一顿晚餐之后，打开门上的一扇小窗，笑盈盈地招手道别。这一次我回来走出电梯的一刹那，恍惚之间仿佛又看到了他的笑脸。

二〇二一年四月至七月之间

附录： 挽联集萃

读书无禁区，宽容有情有爱，终圆书商旧梦
知道有师承，溯往无雨无晴，俱是阁楼人语
沈公我们永远怀念您

陆灏、王为松、赵丽雅敬挽

薪尽化身老脉望
火传成就新三联

吴彬、冯统一敬挽

数载读书兼收并蓄为先锋，却言废纸我买
一世编审以文会友成巨匠，只道我是商人

黄育海敬挽

几番风雨，几多情怀，知道百年天下事
一代名编，一本杂志，启蒙全国读书人

李长声敬挽

知道者读书通万象
阁楼人情爱论宽容

胡洪侠、姚峥华敬挽

阁楼人语，知道著译编，生前一代旧梦书商
脉望仙成，行状真朴顽，身后三联薪传文昌

徐时霖、韩文芳敬挽

读书写书编书阁楼人会心一笑
好客待客作客溯往者相忘今生

布衣书局胡同敬挽

此地还期月旦，谁称伯乐如公者
天堂应有知音，总待先生嫁衣人

清华大学人文学院万俊人敬挽

三十年前今天读书杂志举毛头小伙头条助学术自信
九十载后寒日学界同人送奇才沈公总编归九天仙部

杨明伟敬挽

杯酒中受教
笑谈间选题
沈公不朽

后学卫建民敬挽

可歌可佩日月同辉
可亲可敬天地共存
亲爱的沈伯伯千古

晚辈沈健敬悼

服务日里跨禁区，如放舟学海访天下名师益友
读书热中见精神，采他乡睿思起自家文化阁楼

普京一瓶红星二两，谈情说爱复小姐
佳肴百味酒肆千家，指东论西赛先生

《读书》编辑部敬挽两联

沈昌文生平及著译年表

* 本次整理,根据《也无风雨也无晴》《八八沈公》等生平年表及沈公相关自述,考订编辑而成。

一九三一年

　　九月二十六日,在上海出生。

一九三七年　六岁

　　九月,用假名"王昌文"进上海工部局办北区小学学习。

一九四四年　十三岁

　　九月,小学毕业,考入上海工部局办育才中学学习。

一九四五年　十四岁

　　三月，辍学入上海西门路老宝盛银楼为学徒。

一九四八年　十七岁

　　九月，考入上海市立职业学校电讯班学习无线电收发报（夜班）。

一九四九年　十八岁

　　九月，考入上海民治新闻专科学校采访系（夜班）。

一九五一年　二十岁

　　三月，考入人民出版社校对科为校对员，至北京。

一九五三年　二十二岁

　　患肺结核，赴上海认识蒋维乔学气功。

一九五四年　二十三岁

　　八月，调入人民出版社总编室，任社领导秘书。

一九五七年　二十六岁

一月，翻译苏联作家罗晋·茨威格的著作《书刊成本计算》，署名"魏城"，在时代出版社出版。

十二月，与人合译苏联作家加尔金主编的著作《马克思、恩格斯为无产阶级政党而斗争的历史》，在三联书店出版。

一九五八年　二十七岁

十月，奉调加入人民出版社后院炼钢队。

十二月，翻译保加利亚作家季米特洛夫的著作《控诉法西斯：季米特洛夫在莱比锡审讯中的两个发言》，在三联书店出版。

一九六〇年　二十九岁

二月，与人合译苏联作家伊·伊·明茨主编的著作《苏维埃俄国与资本主义世界（1917—1923年）》，署名"魏城"，在三联书店出版。

三月，翻译德国作家蔡特金的著作《列宁给全世界妇女的遗教》，署名"魏城"，在三联书店出版。

四月，出席文化部群英大会。

七月，批准加入中国共产党，为预备党员。

一九六一年　三十岁

年初，奉调去河北高碑店从事"整社"活动。

一九六二年　三十一岁

一月，与白曼颐女士结婚。

一九六三年　三十二岁

一月，为"反修"需要，借调到中宣部新设立的外国政治学术书籍编译工作办公室工作。

十二月，编有《编辑手册》，在人民出版社出版。

一九六四年　三十三岁

六月，与人合译《阿多拉茨基选集》，署名"魏城"，在三联书店出版。

七月，与人合译保加利亚作家布拉戈耶夫的著作《马克思主义还是伯恩施坦主义》，署名"魏城"，在三联书店出版。

一九六五年　三十四岁

到河南农村搞"四清"。

一九六六年　三十五岁

八月，被贴大字报，遭严厉攻讦。

一九六九年　三十八岁

九月，下放湖北省咸宁文化部"五七干校"，全家迁至湖北咸宁农村。不久任十三连队文书。

一九七一年　四十岁

年初，与家属先后自湖北咸宁奉调回京。回京后，在人民出版社历史编辑室工作。

一九七五年　四十四岁

二月，再次下放到河北石家庄"五七干校"劳动，下去后被任命为政工组领导。

一九七八年　四十七岁

五月，被任命为人民出版社翻译著作编辑室副主任。

一九八〇年　四十九岁

三月，人民出版社内增设"三联编辑室"，被任命为主任兼《读书》杂志负责人。

一九八三年　五十二岁

　　三月，文化部通知，授予沈昌文副编审职称。

　　四月，文化部党组通知，任命沈昌文为三联书店副总编辑（兼三联图书编辑室主任）。

一九八四年　五十三岁

　　六月，始办"读书服务日"活动，每月二十日举行。

一九八五年　五十四岁

　　十二月，被任命为三联书店总经理。

一九八九年　五十八岁

　　五月，开始出版台湾漫画家蔡志忠著作。

一九九二年　六十一岁

　　十二月，退居二线，不再担任三联书店总经理。

一九九四年　六十三岁

六月，建议创办《三联生活周刊》。

一九九五年　六十四岁

十二月三十一日，从三联书店退休。

一九九六年　六十五岁

开始与辽宁教育出版社俞晓群合作，陆续组织出版《万象》杂志、"新世纪万有文库"、"书趣文丛"、《吕叔湘全集》等。

二〇〇〇年　六十九岁

开始与郝明义合作，为台湾大块文化出版公司服务。

二〇〇三年　七十二岁

十一月，《阁楼人语》在作家出版社出版。

二〇〇五年　七十四岁

五月，忽患脑部硬膜下血肿，做左颅骨钻孔引流手术。

二〇〇七年　七十六岁

八月,《书商的旧梦》《最后的晚餐》在上海书店出版社出版。

二〇〇八年　七十七岁

四月,张冠生整理的沈昌文口述自传《知道》在花城出版社出版。

二〇一〇年　七十九岁

与俞晓群、陆灏总策划"海豚书馆"系列图书。

二〇一一年　八十岁

八月,在海豚出版社出版《八十溯往》。

十二月,《任时光匆匆流去》在上海书店出版社出版。

二〇一二年　八十一岁

一月,《也无风雨也无晴》繁体字版由台湾大块文化公司出版。

二〇一四年　八十三岁

八月,《也无风雨也无晴》简体字版由海豚出版社出版。

二〇一五年　八十四岁

　　八月,《师承集》在海豚出版社出版。

二〇一六年　八十五岁

　　八月,《师承集续编》在海豚出版社出版。

　　十一月,《师道师说：沈昌文卷》在东方出版社出版。

二〇一八年　八十七岁

　　三月,《阁楼人语》再版,在海豚出版社出版。

二〇一九年　八十八岁

　　八月,为庆寿辰,友人合编《八八沈公》,在浙江大学出版社出版。

二〇二〇年　八十九岁

　　十月,因肝腹水入院检查,确诊肝癌晚期。后返家休养。

二〇二一年

　　一月,在北京家中安然离世。